MEDIA / PRODUCT / BRAND / CREATIVE / REPEAT

通販ビジネスの

DIRECT MARKETING

教科書

岩永洋平
YOHEI IWANAGA

東洋経済新報社

はじめに

　消費者と直接に結びつきたい。だれかに干渉されることなく直接に、この商品を望んでいる多くの消費者に届けたい。立地・地域の限界にとらわれず、自分のことばで商品を説明して広く提案する。そして一人ひとりの顧客と対話しながら永く関係をつないで、自分の責任で運営する事業を成長へと導いていきたい——。

　そのような事業を願う者にとって「通信販売」は、相当に理想的なビジネスモデルです。その「通信販売」とは何か、本書では下図のAの範囲をそう呼んでいます。

ダイレクトマーケティング・通販事業カテゴリー区分

ダイレクトマーケティング
自社企画商品を販売する

B.自社企画の商品を他社チャネルで販売	A.自社企画の商品を自社チャネルで販売	C.他社企画の商品を自社チャネルで販売
ECモールへの出店やCのカテゴリーへの商品提供・卸	「通信販売」	ECモール 通販チャンネル 百貨店通販 ネットスーパー モール型番組…

← 広義通販の範囲　媒体を通じた販売

自社チャネルで販売する

小売・メーカーの商品販売を伴わない顧客向けダイレクトメール・eDM
ポイント施策・コミュニティ構築…

ECモールへの出店は本書でいう通信販売ではありません。ECモールは自社のチャネルではないので基本的に顧客リストがモール側にあります。事業がモールに依存する限りは顧客と直接に結びつく機会は失われます。

　テレビの通販チャンネル、百貨店通販、ネットスーパーなどへの卸販売は、既存の店舗販売への卸と同じです。自社商品の値付けの決定権を小売にゆだね、顧客のニーズではなくバイヤーの要請に従って造った商品を、取引先に納めていく事業です。そういうものと通信販売はどう違うのか。

　他の範囲と「通信販売」が区分される特徴は以下の四つです。商品・媒体の前提から価格・販促の特徴が導かれます。

商品：自社の企画による自社ブランドの商品を売る
媒体：自社のリスクで設定した媒体・チャネルで売る
価格：売る商品の価格を自社が決める
販促：自社の顧客リストをもち、直接に顧客向け販促を行う

　上記の通信販売の四つの特徴は、マーケティングの教科書に出てくる4P、すなわちProduct・Place・Price・Promotionの項目にあてはまります。そして4Pのすべてが「自社の・自社が」という主体設定になっています。

　つまり「通信販売」は、消費者にアプローチするマーケティングの四つの要素のすべてを、事業主体がダイレクトにコントロールしていく事業です。

　DHC・再春館製薬所・サントリーウエルネス・山田養蜂場・スクロール・やずや・オイシックス・茅乃舎・ジャーナルスタンダードのEC・ライオンの通販事業・ユーグレナなどわれわれが「通信販売」事業と認識し、ふだんそう呼んでいる多くの事業がここに含まれます。

　ナショナルブランド、大手メーカーでも地方の中小企業でも、自社企画の商品を自社の媒体・チャネルで売る事業ならば、同じ「通信販売」に区分されます。成功した各社はこの四つの特徴を生かして通販事業に取り組み、大

きな成長を実現しました。

　通信販売はメディアの広告を「売り場」としますから店舗開発の限界や地方のハンディがなく、バイヤーの意向にも統制・規定されません。ネットメディア・モバイルでも、テレビ・新聞からも自社のリスクにおいて自由に媒体を選んで売り場を設定し、エリアを問わず新規顧客を獲得できます。

　さらに通信販売は、顧客とのワントゥーワン・双方向のコミュニケーションが事業の前提です。通販事業者は一人ひとりの顧客に最適化された商品体験・ブランド体験を提供して心のきずなを深め、顧客との永続的な関係を維持していきます。

　お客さまとの関係を事業主体のイニシアチブで結び直す、あらたに結ぶ。そして顧客が生む生涯の価値、ライフタイムバリューを最大限に引き出して高収益を実現していく事業、それが通信販売です。

　もちろん四要素のすべてを自社がコントロールするのですから、通販事業の成否は事業主体の運営にかかっています。事業を起こし成長にいたるまでの道のりにも困難・リスク・落とし穴が潜んでいます。

　しかし、これから通信販売を手がける・成長させる事業者は、先人たちの知恵に学ぶことができます。最近のコミュニケーションテクノロジーが提供する効率化のメソッドがあります。

　それらに筆者が通販プランナーとして経験・学んできた知見も加えて、新しい通販事業の成長に役立つ仕組み・考え方を検討していくのが本書です。

　第1章-第2章はイントロダクションです。続いて通販事業の八つの開発領域、事業採算・商品設計・ブランド開発・媒体設計・表現開発・価格と売り方設計・リテンションとCRM・フルフィルメントに対応した第3章-第10章が設定されています。

　本書を手に取っていただいた読者は、まずは全体をざっと通読されることをお勧めします。読者が各章のいずれかで、新しい通信販売事業の成功に役立つヒントを得られることを筆者は心から願っています。

目次

はじめに 1

第1章 固定観念を超えて成長する通販事業へ　9

- 01 通販ビジネスは2つの困難に直面する……………………………10
- 02 事業成長を阻害する誤解・固定観念 ……………………………11
- 03 既存の通販メソッドを検証して生きたノウハウに ……………12

第2章 なぜ通販に取り組むべきなのか・なぜ通販は成長できるのか　15

- 01 通販市場成長の背景………………………………………………16
- 02 小売と垂直競合する消費財メーカーにチャンスがある ………17
- 03 地方企業・中小企業に通販ならばチャンスがある……………18
- 04 通販の起業が失敗してしまう原因は……………………………20
- 05 なぜ通販事業が伸び悩むのか……………………………………22
- 06 通販事業の起業と事業設計──通販起業ケーススタディ①……23
- 07 採算性確立までの試行錯誤──通販起業ケーススタディ②……25
- 08 顧客との絆に支えられて復興へ──通販起業ケーススタディ③……27

第3章 ［事業採算］通販の採算構造を理解する　29

- 01 通信販売はどうやって利益を出すのか──基本採算構造………30
- 02 どの程度の効率で顧客が獲得できたか──CPO …………………32
- 03 顧客がどの程度の売上・利益を生むか──LTV……………………34
- 04 個人客単位で採算をとる…………………………………………37
- 05 事業単位で収益が積み上がっていく……………………………39
- 06 初年度は赤字でも数年で20億円以上の規模に …………………40

- 07 KPIはさまざまにあるが最小限で……………………………………… 43
- 08 投資についての理解・判断を誤ると成長機会を逃す …………… 45
- 09 広告費は「新規顧客獲得費」として把握する …………………… 46
- 10 「獲得効率のワナ」が負のスパイラルを招く……………………… 48

第4章 ［商品設計］どういう商品・MD設計を投入すべきか　51

- 01 まず、店で売れる商品は通販では売りにくい …………………… 52
- 02 説明が必要な商品は向いている …………………………………… 53
- 03 気づきを与えて売れる商品が適している ………………………… 54
- 04 提供者が"売りたい理由"がある商品は通販で売る …………… 54
- 05 店販よりも高い価格設定ができる商品は通販に合う …………… 56
- 06 40代以上女性に売れる商品を通販で …………………………… 57
- 07 通販商品の三つの要件 ……………………………………………… 59
- 08 クロス商品MDで客単価を向上させる …………………………… 61
- 09 化粧品：店頭販売と拮抗して成長する …………………………… 63
- 10 化粧品：入口を基礎化粧品セットにするか、ワンアイテムか … 64
- 11 健康食品：素材成分の消長とともに拡大する …………………… 67
- 12 健康食品：ブーム・ライフサイクルに対応するために ………… 69
- 13 衣料：カタログとEC、古くて新しいカテゴリー ………………… 74
- 14 衣料：商品の"魅せ場"を媒体に設定して成長する …………… 76
- 15 食品：大きな成長可能性 …………………………………………… 79
- 16 食品：立ちはだかる困難 …………………………………………… 83
- 17 食品：陥穽を超えて客単価を積み上げる ………………………… 84

第5章 ［ブランド開発］ブランドに逃げない・ブランドから逃げない　87

- 01 ブランドとはなにか、記憶・文脈化・志向性 …………………… 88
- 02 通販事業に貢献するブランド ……………………………………… 90
- 03 ブランドを魔術から解放する ……………………………………… 93
- 04 ブランドはイメージ広告で作るのではない ……………………… 94

05	レスポンスとブランド形成は二律背反ではない	95
06	知られていないことはすなわちハンディにならない	97
07	レスポンスとブランドの"相克性"を超える	99
08	通販ブランドは人格を志向する	100
09	通販ブランドは商品を売る理由・売り方の理由を説明する	101
10	通販ブランドは物語をつむぐ	102
11	通販ブランドは共感形成を重んじる	104
12	ブランドのアイデンティティを表出する開発シート	105
13	ブランドの"敵"を設定する・「ではない」と限定する	107
14	ごあいさつ状・ブランドブック・ネーミング	109
15	ブランド形成のコミュニケーション展開へ	110

第6章 [媒体設計] 適切な媒体選択で成長性を確保する　115

01	通販で利用するメディアは	116
02	「スケーラビリティ」で媒体を選ぶ	118
03	小さな媒体への最適化が招くリスク	120
04	「新聞」のスペースを活用する	121
05	「折込チラシ」で買い物客を捉える	124
06	早い段階から使いたい「テレビインフォマーシャル」	126
07	拡大する「ネットメディア」を活用する	128
08	次々と登場するネットメディア・ソリューションを把握する	130
09	ターゲットクラスター化の陥穽	132
10	適切に設定されたメディアミクスで効率的に顧客を獲得する	135
11	通信販売のためのアトリビューション分析	140
12	通販事業は「エリア」をどう捉えるか	143
13	効率的な媒体計画の策定へ	148

第7章 [表現開発] レスポンスを左右する広告表現　153

01	一般的な広告と通販の広告の違い	154

02	広告表現の発注者が留意すべき点	156
03	基本的な構成をどう開発するか	159
04	広告表現要素の機能・開発のチェックポイント	161
05	広告表現要素の材料収集	165
06	表現の「切り口」のバリエーション例	167
07	薬事法・景表法、通販広告の表現規制をどう踏まえるか	169
08	広告表現の獲得効率を向上させるスプリットランテスト	171
09	表現の改善ポイントを探るアクティベーションパワーテスト	176

第8章 ［価格・売り方設計］アクセスに誘導しながらアップセルを狙う　179

01	価格設定の基本	180
02	価格設定の実践	182
03	売り方パターンと価格をどう設計するか	183
04	オファーをどう設定するか	186

第9章 ［リテンション・CRM］客単価を向上させ採算を確保する　191

01	購買基点の意識変容に対応して施策を投入する	192
02	初期段階稼働率がその後の客単価向上に大きく貢献する	194
03	獲得初期段階でのコミュニケーション課題	197
04	リテンション施策の基本フレーム	199
05	初回受注時はアップセルの最大のチャンス	199
06	初回受注時から商品期待を高めるインバウンド施策	203
07	顧客への「プレゼント」として梱包物を設計する	206
08	引上げ・2回目購入に誘導するプロモーション	208
09	商品期待を高める商品到着時のコミュニケーション	210
10	顧客の使用体験をデザインするツール・施策	211
11	提供者・ブランドへの信頼・共感を醸成する同梱ツール	214
12	利用継続を促進する施策・オファー	215
13	ブランドと顧客を気持ちでつないで継続を図る	217

- 14 RFM・顧客データマイニングの実践……………………………………… 218
- 15 顧客の「満足・推奨意向」が客単価向上の基盤となる ……………… 222
- 16 リテンションのための媒体設計・商品開発 …………………………… 225

第10章 ［フルフィルメント］収益を上げるバックヤードへ　227

- 01 顧客とつながるコールセンター ………………………………………… 228
- 02 適切なKPI設定でコールセンターが収益を生む ……………………… 229
- 03 システム・物流・決済をどう選ぶか …………………………………… 233
- 04 業務のアウトソーシングを検討する …………………………………… 236

第11章 ［事業開発］通販事業の構想から実践へ　239

- 01 通販事業の構想・売り場と消費場面から ……………………………… 240
- 02 目標事業規模10億円とはどういうスケールか ………………………… 242
- 03 通販事業による地域創生へ ……………………………………………… 243
- 04 チャネル間競合からオムニチャネルの相乗性へ ……………………… 245
- 05 通販事業を再開発する …………………………………………………… 248
- 06 社内組織の設定要件と外部企業とのアライアンス …………………… 250
- 07 通販事業の管理会計費目 ………………………………………………… 253
- 08 通販起業の開発領域と段階 ……………………………………………… 254

新しい通販事業との出会いのために〜おわりにかえて〜　259

※本書で示された認識・見解などは筆者個人によるものであり、所属する企業とはかかわりありません。また記載された会社名・製品名・サービス名などは、それぞれ各社の商標または登録商標です。

第1章
固定観念を超えて成長する通販事業へ

通信販売が立ち向かうのはどういう困難か。その表れ方と背景となる要因の一つについて検討し、それに対する本書での姿勢を示します。

01 通販ビジネスは2つの困難に直面する

　通信販売を始めたすべての企業が事業上の壁、困難に直面します。スタート時には「立上げの失敗」が待ち構えます。事業開始から数年たっても数億円単位の規模に達せず、利益を得られる見通しが立たない。そういったケースは多く見られます。

　立上げに成功したのちには「成長の踊り場」に突き当たります。商品力や既存の事業資産を生かして一定の規模にまで成長したものの、そこから頭打ちになってしまう。思うように成長ラインを描いてくれない。これまでの成功経験も既存のビジネスメソッドも機能せず、どうすればよいのかわからない。

　通販事業はとても魅力のある事業です。消費財メーカーにとって通販は消費者と新しい関係を結びなおすチャンスです。中小企業には比較的小さなリソースで短期間に成長を遂げる可能性をもたらします。それだけにこの10年、通信販売を手がける企業が爆発的に増えました。

　ただし成長機会を求めて通販に参入した企業のうち成功したといえる企業は一部です。それ以外のほとんどの企業は、「立上げの失敗」「成長の踊り場」に直面して事業の中止や見直しを余儀なくされています。

　ビジネスは時に目論見通りには運びませんが、通販事業の当事者はそう達観してはいられません。共に通販事業にかかわるサポート企業も同様です。困難を乗り越えて事業拡大への道筋を探っていかなければなりません。

　真剣に通販事業に取り組む方々とお話しするうち、筆者は困難の原因の一つに共通の要因があると考えるに至りました。それは通信販売事業の運営に関する「固定観念」「誤解」です。外的環境や避けられない不運のせいではなく、事業主体やサポートする広告会社などがもつ固定観念のせいで通販事業が成長機会を見失ってしまう。それはとてももったいない事態です。

02　事業成長を阻害する誤解・固定観念

　以下にあげたような例は、同じような内容を聞いた方も多いかもしれません。いずれも、ただちに間違いといえないまでも適用に限界がある固定観念、事業運営を過たせかねない誤解です。

　図表1-1は通販の事業方針の形式をとっています。おそらく通販事業に関する先達たちの説明の一部が文脈を離れて、また間違って伝わってしまった

図表1-1　通販事業に関するさまざまな"誤解"例

01）通販は特殊なビジネスで特殊なノウハウが必要だ
02）通販なら大きな投資なく成長できる
03）売上・利益に対する広告費の比を最小にすべきだ
04）媒体投資の売上回収率（MR）は100%であるべきだ
05）通販にマーケティングリサーチは不要だ
06）顧客獲得効率の目標に達した媒体・エリアに絞るべきだ
07）到達単価が安い媒体を選ぶべきだ
08）通販はテレビCMをやっても儲からない
09）新規顧客獲得はネット媒体だけでやるべき／ネットは不要だ
10）テストをやるのはムダだ
11）通販にブランドはいらない
12）認知度の高いナショナルブランドは有利だ
13）顧客をできるだけ細分化して対応すべきだ
14）広告表現はできるだけ安い費用で仕上げるべきだ

ものでしょう。時宜にかなえばまさに有効な事業指針も、適用場面によっては障害になります。誤って捉えられて固定観念となったドグマは事業成長を妨げる桎梏となります。

　たとえば「通販はテレビCMをやっても儲からない」という誤解をあげました。テレビCMの15秒や30秒の尺では十分にフリーダイヤル訴求ができないことから広く信じられてきました。

　テレビCMを活用する通販ブランドは実際にありますが、それに対しては「CMをやるのは広告会社にだまされているから」「テレビCMは道楽だから」などの誤解のバリエーションが展開しています。

　スポットCMを活用する富士フイルム・やずや・サントリーウエルネスなどの通販事業は、ネット・折込チラシなどのレスポンス媒体と組み合わせたメディアミクスキャンペーンを設計・投入しています。その際にスポットCMはレスポンス効率に倍数効果をもたらして、キャンペーン総体の獲得効率を高め収益をあげる目的に貢献しています（第6章10）。スポットCMを活用した通販事業の成功・成長から「通販はテレビCMをやっても儲からない」説はすでに反証されています。

　逆に「テレビCMを投入しさえすればレスポンスが上がる」と誤解した向きもあったようです。実際に通販ブランドで、それなりの量のスポットCMを投入しているのにレスポンス媒体が十分に設定されていないケースが見られました。それでは採算の見込は立ちません。先行ブランド・商品がテレビCMを使う理由、メディアミクスの意味・構成を把握したうえでその施策を投入すべきでした。

03　既存の通販メソッドを検証して生きたノウハウに

　「通信販売」はそれほど古くない業態です。千趣会の「ベルメゾン」の創刊

は1970年代後半です。後発の通販ブランドの多くが目標とした再春館製薬所・ファンケルなどの通販は1980年代から。やずや「香醋」の発売は90年代の後半、サントリーウエルネス「セサミン」の発売は2003年です。草分け創生の通販事業に、参照するロールモデルはありません。

　勃興した通販事業の運営に役立ったのは、以前から紹介されてきたアメリカ発のダイレクトマーケティングのメソッドです。ただアメリカとは市場・メディア環境が異なるうえに、日本の「通信販売」事業は独自の進化を遂げており、米国ダイレクトマーケティングのテキストそのままの適用には限界がありました。

　通販事業には参照すべき先行例・市場実践・テキストが不足していました。そんななかで始動した通販事業は、日々変動する市場に対応して次々と運営指針を決定していかなければなりません。何か確実な方針はないものか——。前節に示したような誤解・固定観念が広がったのは、心強い断言を求めるこのような事情が背景にあったものと察せられます。

　もとより、伝え聞いた経験則・法則を守るだけでは新しい通販ビジネスは開発できません。既存のビジネスメソッドに対して、また新しいコミュニケーションに対しても「なぜそうなのか・どうしてそうすべきなのか」という振り返りの視点で検討・理解する必要があります。

　振り返りをもって誤解・固定観念のくびきを解けば、その背景にある問題意識は再確認され、日々変わりゆく市場環境に対応・応用できる"生きた通販ノウハウ"として生まれ変わります。

　固定観念が残る現状から見ても、まだ通販の事業メソッドは十分に確立されていません。また市場もメディアも絶え間なく変わっています。そういう意味では、新しい通信販売の事業開発はまさしく「フロンティア」です。既存の通信販売事業が見つけていない市場機会、これまでにない新しい商品の提案、ビジネスモデルの未開地が広がっています。

　本書では、これから通販事業がとるべき事業方針について、ビジネス構

造・市場環境・消費者意識など基本に立ち返って、問題意識を共有する読者とともに検討していきます。

第2章
なぜ通販に取り組むべきなのか・なぜ通販は成長できるのか

　なぜ通信販売事業にチャンスがあるといえるのか、いま通販事業に注力しなければならない理由はなにか。ここでは消費財メーカーと中小企業、二つの事業主体の市場機会を把握し、あわせてチャンスの顕在化を阻害するリスクを整理します。

　また立上げのリスクを乗り越えて、予想外の困難も通販ならではの事業構造と対応で克服して成長軌道に乗った通販事業のケースをご紹介します。

01　通販市場成長の背景

　日本通信販売協会の推定によると通信販売の売上規模は5兆8,600億円（2014年度JADMA）。消費支出額が縮小してきたなか、10年前と比べて223％・2倍以上の売上げにまで成長しています。また通販を専業とする会社だけでなく、多くのナショナルブランドが通信販売事業に参入してきました。

　通信販売がなぜ拡大しているのか。まず通信・物流・情報処理などのコスト低下が背景にあります。コミュニケーション環境では、インターネットの普及とモバイル化は決定的な促進要因です。また近年はテレビ・新聞などの既存媒体の広告料金も顕著に低下しました。

　他チャネルから通信販売への需要シフトもあります。訪問販売は高付加価値商材を直接に消費者に提供できるチャネルですが、在宅率の低下などからその役割は通販に移行しつつあります。

　コンビニ・ドラッグストア・大規模ショッピングセンターの増加など店販流通構造の変化は、情報性の高い商品を売る通信販売にとってむしろ追い風になります。消費者側の変化では通信販売をふだんから利用する層が厚くなってきたことがあげられます。特に子育てを終えて大きな可処分所得をもつ高齢者層は、通販の利用率が高まっています。

　その通販市場では、ニッセン・千趣会などの総合通販、DHC・ファンケル・オルビスの化粧品総合通販、山田養蜂場・再春館製薬所・やずやなど専業通販系、サントリーウエルネスを始めとするメーカー系、スタートトゥディなどネット系、さまざまなカテゴリーのプレイヤーがひしめいています。ここではメーカー系通販事業と、地方中小企業という二つのプレイヤーにどんなチャンスがあるのか、その市場機会を検討します。

02 小売と垂直競合する消費財メーカーにチャンスがある

　現在、注力の程度の違いはあってもほとんどの主要な消費財メーカーが通信販売に取り組んでいます。サントリーウエルネス・富士フイルム・小林製薬など、通販事業が売上100億円を超えている企業もあります。必ずしも事業がうまくいっておらず縮小する選択をとった企業もあるようですが、メーカーには、これまで以上に通販に注力すべき理由と市場機会があります。

　メーカーが通販に注力すべき理由の一つは小売との垂直競合です。大手流通チェーンはイオンとセブン&アイにほぼ集約され、百貨店も再編されました。またユニクロ・ヤマダ電機・マツモトキヨシなどのカテゴリーキラーの拡大はメーカーにとって脅威です。さらにアマゾン・楽天のECモール、確実に成長が見込まれるネットスーパーなど。すべての局面で小売業は、メーカーに対する優位性を高めつつあります。

　チャネルリーダーのポジションは、メーカーから巨大化して支配力を強化する小売の側に移行し、このままではメーカーのマーケティング展開のフリーハンドは限りなく小さくなってしまいます。

　一方で支配力を増す小売側にも弱点はあります。ローコストオペレーションでフォーマット化され定番商品とPBが大きく棚を占める小売の売り場は、しだいに消費者にとって"面白くない"ものになっていきます。買い物の楽しさの低下は、すなわち売り場の情報性、商品提案力の低下です。

　大型スーパー・コンビニ・ドラッグストアは利便性・価格メリットを与えられるものの、商品の説明、使い方情報の提供、新しいカテゴリーの提案、コンサルティングセールスは難しくなっています。ネットスーパーはなおさら。売り場間の遷移が容易なネット環境の特性上、メーカーが形成したい付加価値を食いつぶしながら、小売EC間の価格競合は激化していきます。

　ここにメーカーの通販事業の市場機会があります。情報提供・商品提案し

図表2-1　消費財メーカーとっての市場機会

01）通信販売なら高付加価値商品を提案できる
02）ブランドの露出機会を劇的に増やせる
03）消費者のブランド理解を促進、ロイヤリティを形成できる
04）顧客との双方向チャネルからR&Dシーズの発掘と検証ができる
05）供給する商品のカテゴリーを拡大できる

てその場で販売するのは、まさしく通信販売が得意とするところ。たとえば長い尺のテレビインフォマーシャルや新聞の15段スペースを使い、商品について提供者の思いを含めて、ていねいにメーカーが直接に説明する、語る。むやみに価格競合するのではなく、いま買うべき理由を提供して付加価値を向上させた商品を消費者に提案していく。

　もとよりメーカーは商品の専門家ですし、商品情報・提案力にはことかきません。既存の店販の商流・コミュニケーションチャネルを超えて通信販売で消費者と直接に結びつけば、購買接点のクロス化・オムニチャネル化に関してもメーカー側がイニシアチブを確保できます。

　巨大流通企業に対して情報力・提案力に支えられた高付加価値商品の販売で優位に立ち、メーカー側の主導権を回復していく。そのために消費財メーカーは通販に取り組んでいくべきです。

03　地方企業・中小企業に通販ならばチャンスがある

　通信販売は、地方の企業・中小企業にチャンスがある事業です。一般的な

事業のリソース、組織力・資本力・ブランド認知・信頼性などの点で、地方中小企業は東京・大阪に本社のある大手メーカーにかないません。しかし通販の大手、山田養蜂場・再春館製薬所・えがお・やずや・健康家族などは地方の企業であり、通販を始める以前は中小企業でした。

統計で見ても通信販売では地方企業が力を持っています。全国の企業の売上高のうち、東京に本社のある企業への売上集中率は50％を超えます。しかし通信販売事業では、東京の企業の売上シェアは4分の1、西日本など地方企業の比が4分の3を占めています。

地方比の高さの原因は、一つには有力商材がありながら店販チャネルをもたない地方企業が通販を選択するという側面があります。また通信販売では次のような地方企業・中小企業ならではの積極的な強み、大手メーカーにはない事業資産が生かせます。

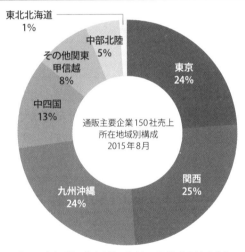

図表2-2　通販企業本社所在地別売上シェア

通販では東京以外の地方企業の売上シェアが4分の3を占める。

(出所)『通販新聞』などより作成

a）組織の機動力・判断が早い

通販事業では表現の決定・出稿拡大の判断など、必ずしも年次計画にとらわれない事業展開が求められます。分掌の進んだ大型組織とは違い、オーナー＝事業責任者である中小企業は、事業判断の機動力が高く有利です。

b）商品の希少性を表現できる

通販では多くの場合、商材が一般的なお店の売り場にはない"特別"な未知の商品であると消費者に認識せしめて付加価値を高めます。その際に既存のチャネルもブランド認知もない中小企業はむしろ有利です。所在地の「産地風景」も希少性を演出する要素となります。

c）提供者ブランドの意思・想い・特性を伝えやすい

幅広いターゲットに多くのカテゴリーの商品を売る大型ブランドは、際立った特徴が脱色されて"人格"を失いがちですが、中小企業は扱い商品やオーナーの意思などを中心に、際の立つ特別なブランドを表現できます。地方企業ならばなお、そのブランドのキャラクターは表現しやすくなります。

これらの優位性に加えて通信販売はそもそも媒体の広告が売り場です。リアル店舗との取引口座開設・配荷・フェイス獲得などに時間・コストを費やす必要もないため、事業資産に乏しい企業でも急拡大が可能です。実際に先にあげたような地方の通販企業は短期間で大きな企業規模・ブランドに成長しました。

04　通販の起業が失敗してしまう原因は

前述のように通販事業を始めた企業の多くが参入の当初の時点でつまずきます。失敗の理由はさまざまですが、図表2-3のようなものが代表的です。

図表2-3　通販事業の起業失敗の原因例

01）通販に向かない商品を選択した
02）新規顧客の獲得効率を好転できなかった
03）客単価が不足した
04）投資の不足・通販事業の採算構造の理解不足
05）数回の媒体投入で事業の成否を判断してしまった
06）ニッチな媒体に注力してしまった
07）通販担当以外の部署からの横槍が入ってしまった

　立上げの失敗の多くは事前の準備不足、通販事業の理解不足に由来します。ほかの何の事業でもそうですが、準備・理解が足らなければ成功は得られません。すなわち適切な準備・理解をすれば失敗の多くは避けられます。上記のようなつまずきの石を回避する実際の方法は、それぞれ対応する各章で説明していきます。

　また上記以外でも起業時点での"小さな成功"は実は失敗フラグになりがちです。たとえば「先に商品がテレビ番組で紹介されて、注文の電話が取りきれないくらいかかった」「フリーペーパーに出稿したらよく売れて広告費のもとが取れた」などの話を聞くことがあります。

　もちろん商品が売れるのはありがたいことですし、得られたリストは財産になります。しかしタダで電話がかかってきた経験、初回の受注から利益が出た経験は誤った先入観を生みかねません。それらは、たまさかに起こった幸運事だと捉えるべきです。

　通販事業は、お金を投資して新規顧客を獲得し、リピートの売上で採算を確保していく商売です。そういうフレームでないと10億円以上の規模にはなりにくい。めぐり当たった小さな成功の意味を正しく把握しなければ、事業

は成長機会を失ってしまいます。通販事業の基本を把握したうえで事業設計・運営にあたっていきます。

05　なぜ通販事業が伸び悩むのか

　ある程度の規模になった通販事業に訪れる成長の踊り場、その原因もまた色々ですが、総じて多いのは先に述べた誤解、固定観念が阻害要因になっているケースです。

　立上げが実現して数年間の運営を経るなかで形成された"勝利の法則"は、現在の市場環境・事業規模に適応できているでしょうか。
　たとえば新規顧客の獲得で、効率が鈍化していても過去に獲得効率が良かった媒体・表現・売り方を変えようとしない。「メインビジュアルはコレ以外使わない」「このエリア以外は売れない」「新規獲得費は売上の10％以内で」。そういう思い込みは拡大の障害になります。

図表2-4　通販事業の伸び悩みの原因例

01）新商材の投入を怠った
02）KPI設定に誤りがある
03）媒体の拡大を行っていない
04）ギミック・値引き頼りで表現開発を怠った
05）新規顧客投資の早期回収にこだわりすぎる
06）ブランドに留意しなかった
07）事業拡大に組織体制が追いつかない

確かに企業・ブランドにとって変えてはならない根幹はあります。しかし事業が伸び悩んでいるのならば、これまでの事業のフォームが現在の市場環境・成長段階に適合しているかどうかを顧みるべきです。既存の手法を踏襲しているだけでは拡大のチャンスを見逃すだけでなく、そのうちに事業は縮小再生産に沈んでいきます。

テスト-評価がやりやすいのが他の販売チャネルにない通信販売事業の特長です。踊り場から脱するためには、媒体・表現・売り方などを積極的に市場でテストします。常に方針を顧みて、テストを怠らなければ成功・成長の可能性は高くなっていきます。

06 通販事業の起業と事業設計 ——通販起業ケーススタディ①

事業立上げの困難を超えて成長軌道に乗った企業の事例を紹介しましょう。ここで紹介する岩手・小野食品の食品通販「三陸おのや」は立上げの困難に加えて、思いがけない大きな災禍に直面しました。同社はそれを乗り越えて通販事業の離陸に成功、順調に拡大しています。

小野食品株式会社は岩手県釜石市の水産加工会社。外食・給食・流通などに焼き魚、煮魚を供給して、創業から20年で14億円の売上規模となっていた。近年しだいに強まっていく食卓の魚離れ、安価な海外商品との競合、三陸の水産加工業をとりまく市場環境が変化するなか、社長の小野昭男は企業の将来性に危機感をつのらせていた。

外食・小売の意向にとらわれず、ほんとうに顧客が望む商品を作りたい。日本人の食生活に魚を食べる習慣を復活させたい。新日鉄の高炉の火が消えて人口減少が続く釜石の地を再び元気な地域にしたい。

小野社長のその想いが魚そうざいの通信販売事業のアイディアに結実する。

図表2-5　「三陸おのや」事業フレーム

01）提供意思：魚そうざいを手軽に、いつでも食べられるように
02）事業領域：自社商品の冷凍・個包装の魚そうざいの提供
03）ブランド：「三陸釜石からお届けする」
04）ターゲット：ファミリーでなく高齢者層をコアとする
05）商品：旬の魚種・調理を"お任せ"で取り合わせたアソートセット
06）売り方：初回購入から定期を前提とした新規顧客獲得
07）価格：月客単価・発注単価は約3,000円－5,000円
08）媒体：新聞15段でのローンチ

半年ほどの準備期間を経て同社の通販事業「三陸おのや」がスタートしたのは2009年の11月だった。

　三陸おのやの事業設計の特徴の一つはその"売り方"、初回注文から定期購入を条件として顧客を獲得する定期前提の方式とした。初回に単発の購入やお試し商品ではなく、毎月届く定期購入を強いるのは注文のハードルが高い。当然、顧客の獲得コストは高くなる。その一方で事業構造としては高い累積客単価・LTVが期待できるというメリットはある。また"いつでも魚メニューのある食卓にしたい"という小野社長の想い、事業そのものの目的からも定期前提の顧客獲得が選択された。
　ターゲットは高齢者世帯とされた。調理・買い物の負担を減らしたい世帯の潜在需要を見込んだためである。これらの事業フレームは、広告会社のADKとともに開発された。

07 採算性確立までの試行錯誤——通販起業ケーススタディ②

　新規顧客獲得の媒体は新聞の15段（全面広告）からスタートした。食品の通販広告には、見るものの欲求を駆動するメニューのシズル写真が必須となる。サバの味噌煮から立ち上がる湯気、おいしそうに柔らかにほぐれる身の写真を大きく掲載したい。加えて商品・提供主体を信頼していただく"語り"のために、5段や3段ではない大きなスペースを設定した。

　まずは地方紙のモノクロ15段を出稿した。レスポンスははかばかしくなく、半年ほどの間に各紙に計10回の出稿を重ねたが目標の獲得効率・CPO（第3章02）には達しない。

　資金力が豊富とはいえない地方のB to B企業にとって新聞の全面広告を全国各地で投入していくのは不安がともなう。しかし小野社長はブレなかった。採算確立期の低反応は事前の計画の想定範囲内、「最初からすべてがうまくいく事業はない」とテスト投入を続けていった。

　レスポンスの結果を分析しながら原稿のブラッシュアップとテスト投入のPDSサイクルを継続する。ご注文いただいた顧客に対するヒアリング、他社の広告表現の研究も行う。検討の結果、商品シズルをより魅力的に表現するため、モノクロではなくカラーの新聞広告を投入することとした。全国紙と地元岩手日報で投入したカラー15段広告は、これまでにない高い獲得効率で顧客を獲得した。

　新規顧客が獲得できても利用が続かなければ事業採算は難しい。顧客の継続をはかるリテンション施策はいくつか準備されている。初回のお客さまにお届けするのは店主からのお礼状と、ブランドの「人となり」を伝えるブランドブック。毎月の顧客との絆づくりのための手作り会報誌、双方向のコミュニケーションを確保するご意見ハガキ、肉声をタイムリーに伝えるブログなどの施策が功を奏する。

なにより顧客の継続に有効なのは商品の質だ。三陸産をはじめとする魚の、魚種にあった調理法・味付けを開発する。毎日食べていただけるように、目先を変えながら飽きないように。20年ものあいだ磨いてきた調理技術が支える。幸いなことに月替わりの豊富なメニューの魚そうざいの味は「これはおいしい、飽きない」との評価を得た。

　コミュニケーション施策と商品力に支えられて顧客の継続は順調で、累積の客単価は充分なレベルに達した。

　組織も変わっていった。開始当初、従業員たちは通販に懐疑的だった。しかし顧客からの商品問い合わせやクレームを受けるうち、しだいに意識は変わっていく。自分たちが作った商品に対して反応が返ってくる。「おいしかった」「前回の味付けは辛かった」「母が喜んでいます」。

　ルーティンに陥りがちな製造現場も、自分たちが作った商品を自社ブランドで消費者に直接届ける事業の手応え、責任、喜びを感じるようになる。もっとおいしい商品をお届けしたいという意欲が従業員に広がっていく。

　新規顧客獲得の効率-CPOと累積の客単価-LTV、通販事業を支える両輪のKPIが揃って採算性が確保できる見通しが立つと、同社はアクセルを踏んで新規獲得を拡大する。全国紙各紙での全国通しの出稿、チラシでの獲得も追加して顧客数、毎月の商品発送数を増やしていく。

　膨れあがる通販顧客の需要に既存の生産ラインは追いつかず、小野社長は新たな事業所・生産ラインの追加を決断した。新事業所では、顧客の声を聞くコールセンターも拡充、製造・オペレータのスタッフ30人を新規に雇用する計画とした。

　岩手県大槌町、港に面した敷地に「三陸おのや」通販事業の未来を担う新工場は竣工した。お客さまの需要に応えるため「できるだけ早く稼働したい」と引渡しを1ヶ月前倒しして、開所式は2011年の2月25日のことだった。町長らの来賓を前に小野は、自社の事業構想・雇用の創出と地域水産業の未来について、明るい展望を熱く語った。

08 顧客との絆に支えられて復興へ
——通販起業ケーススタディ③

 竣工式から2週間後の3月11日、東日本大震災が発生。釜石市の小野食品本社は津波の直撃を受ける。隣接する大槌町では町長を含む1,277名の死者・行方不明者がでた。同社が4億円を投資して新設した大槌町の新工場・コールセンターは、一度も商品を出荷することなく、がれきの山となった。

 幸いにも小野社長・従業員は全員無事だった。しかし新工場は壊滅、本社の生産設備も大きな被害を受ける。津波にさらわれた街、電気や道路のライフラインも途絶して、事業再開の見通しはまったく立たない。失意に沈む小野のもとに、同社のブログを通じて電子メールが届きはじめる。

「地震の災害お見舞い申し上げます。もうお魚を戴けないかと心配でたまりま

写真　震災直後の大槌事業所

竣工からわずか2週間、壊滅した新工場

せん。どうぞご無事でと祈っております」「1日も早く平常に復されますよう祈念しております。おのやさんに頂いたカレンダーを見ながら、美味しいお魚をいつまでも待っています」「操業が再開されましたら必ず注文します。時々ホームページをチェックして待っています。返信は要りません。応援しています」

　全国の定期会員が、まるで自分の身内のように「三陸おのや」を心配してくださる。商品と毎月の手作り会報誌でつむいできた全国のお客さまとの関係は、"心の絆"でしっかりと結ばれている。顧客からのはげましのメールを受けて、小野たちは事業の復興への決意を奮い起こす。
　従業員が力を合わせ、残った生産ラインをどうにか復旧させた。パソコンのハードディスクに残っていた顧客リストも復活した。3ヶ月後の同年6月には商品のお届けを再開、「三陸おのや」事業が再起動する。
　広告活動も再開する手はずとなったが、心配されるのは福島原発事故の風評被害。実際に、テスト投入した折込チラシのレスポンスは思わしくない。
　そこで広告原稿を変更する。この時点で必要なのは対応策の説明。具体的な対応策を真摯に・正直に明らかにして、商品の安全性を理解してもらう。なにより事業の再スタートを支えてくださったお客さまに、三陸おのやから感謝の想いを伝えたい。新聞15段のうち5段を「社告」風の告知スペースとし、全国の顧客に対する支援の御礼と残留放射能の検査体制の対応を記した。
　反応は大きかった。出稿した朝から、コールセンターの電話はなり続け、震災前を上回るレスポンスを獲得した。小野社長・従業員の対応が、逆風を追い風に変えた。
　事業再開から五年たち「三陸おのや」事業はめざましい成長を遂げている。新規顧客獲得の媒体は新聞だけでなく、テレビインフォマーシャル・折込チラシにも拡大。スポットCMとチラシを使ったメディアミックス展開も継続している。定期顧客数・月々の販売数を増加させ、ひとたびは失った大槌町の事業所も新たに建設の途上にある。

… 第**3**章

[事業採算]
通販の採算構造を理解する

　通販事業がどのように採算をとり、利益をあげていくのか。その採算構造は特別なものではなく、さほど難しいものでもありません。基本を理解すれば事業の先行きが見通せて、適切な投資の判断と施策の投入ができるようになります。

　特定期間の売上が投資の額に満たないから事業は失敗だと結論付ける。事業拡大できる環境なのに新規顧客獲得に消極的な姿勢をとってしまう。これらは通販事業の採算構造の理解不足に起因します。

　この章では通販の事業採算の考え方、特に重要な指標であるCPOとLTVについて順を追って説明していきます。数字が並んでいますが、ぜひとも把握していただきたい内容です。

01 通信販売はどうやって利益を出すのか──基本採算構造

　通販は基本的に初回購入の顧客獲得に投資し、リピート＆クロス販売の利益で回収していく商売です。これは本書を手に取る多くの方がご存知でしょう。新規顧客への初回の販売では利益が出るどころか、ほとんどの場合で初回売上は新規顧客獲得費用を上回ることはありません。新たな顧客を10,000円の費用をかけて獲得したところ、初回の受注で得られた売上は1,500円、粗利は1,000円といった具合です。

　　新規顧客獲得費用　＞　初回受注単価

　この損を初回以降の受注で埋めていくのですが、換言すれば先行する投資を反復購入の売上・利益で回収するという仕組みになっています。新規顧客の初回購入を獲得する投資がCPOで、初回購入以降の顧客からの累積の売上がLTVです。

　　CPO：　Cost Per Order-顧客一人あたり獲得費用
　　LTV：　Life Time Value-累積客単価

　このような投資・回収の事情は何も通販に固有なものではありません。工場に投資して生産した商品の販売で回収する、店を作って3年で回収する、コピー機・携帯電話を安く売ってメンテ・通信費で利益を出す。多くの商売で投資が先行します。というよりも利益の獲得に先んじて投資が要るのはあたりまえ、企業活動・事業活動のほぼ"定義"です。
　通販の場合は先行投資の対象が設備などではなく顧客のリストだという点に特徴があるため、このあたりまえが見えにくくなっています。ここから「通

販は特殊なビジネスだ、むずかしい商売だ」という誤解が広がっているのかもしれません。

　むしろ通信販売はある意味、とてもわかりやすい商売です。通販事業でおもに使う二つのKPI（重要事業中間指標）であるCPOとLTVが、事業運営でことのほか使い勝手がよいのです。

　＜通販主要KPIであるCPOとLTVの特徴＞
　・重要な事業指標が即時に定量的に把握できる。
　・また、それが事業採算に直結している。
　・過去実績をもとに中期的な見通しが立てやすい。

　他の事業指標の例で言うと、消費財のメーカーにとって商品ブランドの認知率はかなり大切なKPIの一つです。しかしその把握にはリサーチの必要性があり、計測・把握は遅延します。また認知獲得のための投資が過去の実績と同じ成果をもたらすどうか、再現性は高くないという難点もある。さらには投資で認知を向上させると、どれだけ商品が売れるのか、事業でリターンが得られるのか、ただちに判明するものではありません。

　こういった事態と比べると通販で使うKPI、CPOとLTVが事業の運営にとって、いかにありがたいものかがわかります。この二つは即時的・定量的に把握でき、事業採算に直結して、かつ相当に予測可能な指標だからです。

　さまざまな施策を実施してその都度に評価する、計画を立てて投資する。これによりCPOを可能な限り下げて、LTVをできるだけ上げていく。これが通販事業の運営の根幹です。通販事業の成長は、この二つのKPIの理解と活用から始まります。

02 どの程度の効率で顧客が獲得できたか ──CPO

　一人の新規顧客を獲得するのにどの程度の投資が必要か、つまり新規の顧客一人あたり獲得費用であるCPOは次のように計算します。

　　投入媒体費用　÷　獲得顧客数　＝　CPO

　200万円かけてネットプロモーションを実施して、500人の新規顧客を獲得したときはCPO4,000円、150万円の新聞媒体の出稿で100人の新規顧客が得られたらCPO15,000円になります。

　ネット広告でいうCPA（Cost Per Action）は、通信販売の分野ではCPOまたはCPRです（初回をサンプルとする2ステップ販売の場合はCPR：Cost Per Response を使う）。

　この費用には通常は広告表現の制作費は含めないほうが正確です。レスポンスがうまくいった場合は何度でも利用する広告表現の制作費は固定費扱いとします。1回の投入ごとに発生する媒体費用は変動費、合算しないほうが良いでしょう。媒体と制作が一体で、表現の再利用性がない場合（ペイドパブリシティなど）はCPO計算に制作費を含めます。

　CPO計算の除数を獲得顧客数ではなく商品の個数などにして媒体費用を割った事例をたまに見かけますが、それだと事業予測・採算性評価ができなくなるので基本的に新規獲得顧客数を使うようにします。

　CPOの他に新規顧客の獲得効率を図る指標の一つとしてレスポンス率がありますが、これは獲得媒体が変わると比較ができないという限界があります。チラシのレスポンス率とテレビインフォマーシャルのレスポンス率はケタが違うので比べられませんが、媒体費用をベースとしたCPOならば、媒体が異なっても同じ指標で獲得効率を評価できます。

「この媒体の、この商品のCPOはどれくらいか」通販事業の担当者にそう聞かれることがあります。もちろんカテゴリー・価格帯・商品・売り方によってCPOは千差万別です。ただ、通常は500円のCPOというのはありません。無料サンプルのCPRの場合でも少なくとも3,000-5,000円程度から。化粧品・健康食品で本商品4,000円程度までの商品でCPO10,000円を切れば、まず（とても）良いほうでしょう。事業段階や客単価によっては10万円近いCPOでも採算が取れて事業継続がなされている例もあるようです。

CPOは費用ですから当然ながら低くしたい。媒体・表現・売り方・価格・オファー（顧客に提供するオマケなどの優待施策）などをコントロールして獲得効率を向上させる、できるだけCPOを下げていくのが通販事業の主要な二つの開発領域の一つ、「新規顧客の獲得」です（第6-第8章）。

CPOは当初まずは目標として設定されます。そののち数回以上の媒体の投入を経てしだいに当該商品のCPOの目安がわかっていきます。

投入の数回以上、そういいましたが同じ広告表現・媒体でも1回ごとのレスポンス効率にはブレがあります。当日のニュースなどコントロールできない変数の影響でCPOは上下します。出稿ごとのCPOは計測しますし、気にはすべきなのですが、一喜一憂せず数回の出稿の平均で全体を評価、判断するようにします。

目安のCPOがわかると、事業計画は一つ立てやすくなります。媒体投資額に対する新規獲得顧客数が見通せるようになるからです。

計画投入媒体費用 ÷ 実績平均CPO ＝ 獲得見込み新規顧客数

実績平均CPOで、これくらいの媒体投資をすればこれくらいの顧客が得られるとわかる。実績平均CPOが8,000円で200万円の媒体投資をするなら、

投資200万円 ÷ 実績平均CPO8,000円 ＝ 250人

第3章　[事業採算]通販の採算構造を理解する

250人の顧客が得られそうだという具合です。このように通信販売は、ある程度の確度で定量的に事業の先行きが予測、計画できる事業です。

媒体系のデータアナリストなどによる分析で、CPO・CPAを逆数にして表示・比較しているレポートを見かけると、筆者はやや暗い気持ちになります。CPOは受注単価・年客単価とつき合わせて事業コンディションを把握する際にも使われるので逆数になっていると不便です。

それにCPOはフィクションの数字ではありません。客数や商品価格、媒体料金などと同様に、事業の収益・採算に直結する"リアル"な数字です。

逆数などに変換したほうが計算の都合上で便利な場合もあるのでしょう。しかし、通販の事業運営に関与する・事業の採算に貢献しようとするスタンスであれば、顧客一人あたりの獲得費用・CPOを指数表記するのはできるだけ避けたほうが良いと考えます。

03 顧客がどの程度の売上・利益を生むか —— LTV

採算計画・管理でCPOと両輪になるKPIがLTVです。LTV・累積客単価は使われ方がさまざまで、CPOと比べると必ずしも安定した定義のある概念ではありませんが、初回購入からの"期間"累積客単価と捉えると事業計画と運営に有益です。少し説明しましょう。

新規に獲得した顧客から初回の購入があったのち2回目・3回目の購入、リピートやクロス商品の購入が続きます。ただし顧客のすべてがリピート・クロス購入するわけではありません。商品が気に入らなかった、消費スパンがゆっくりで余った、のちには飽きたなどの理由で、月を重ねるにつれて受注はしだいに減っていきます。初月の稼働率100%に対して翌月は35%の稼働率で、翌々月は32%、12ヶ月目には15%といった具合です。

それによる月別の獲得顧客一人あたりの平均の売上・利益の経過の例を示

図表3-1 初回購入からの月次累積客単価・個人客単位

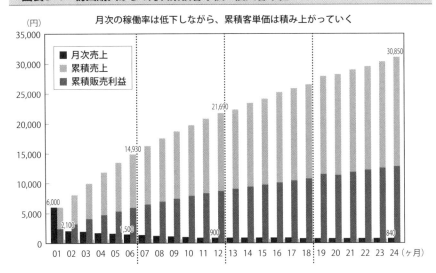

すと以下のようになります。ここでは受注単価・利益率は初回から一定（受注単価6,000円・原価販管費率60％）にしています。

この例では獲得顧客あたり平均の初回・初月売上が6,000円、2ヶ月目は顧客の稼働率が減るので獲得顧客一人あたりの平均売上は2,100円になっています。6ヶ月目は1,500円、12ヶ月目は900円としだいに減少します。一方で平均の累積売上額は6ヶ月で14,930円、12ヶ月目21,690円としだいに積みあがっていきます。このようにリピートによる売上を特定の期間内で合計したものが累積客単価となります。この場合、12ヶ月後・初年度の年客単価は21,690円です。

この累積客単価・利益をできるだけ向上させていくのが、新規獲得領域と対となる事業活動である「リテンション領域」（第9章）です。クロスとリピートの受注単価と受注頻度を上げていけば累積客単価は上がっていきます。

顧客数を数百人程度以上に増やすと平均の期間累積客単価が算出できるよ

うになります。平均の期間累積客単価は、顧客の初回購入月別の月次売上推移から求めます。この平均累積客単価を使って短期・中期の収益予測が可能です。これくらいの新規顧客を獲得すれば、毎月・毎年の売上がこれくらいは得られるだろうと見通せる。先の例でいえば、250人の新規顧客を獲得すれば12ヶ月後までの年間累積で、約542万5,000円の売上があると予測できます。

　　初年度年客単価2.17万円　×　250人　＝　年間売上542万5,000円

　事業開始後一年たたないと初年度累積の年客単価が見えないかというと、そうではありません。たいていの場合、稼働率の大きな低下があるのは初回購入から6ヶ月くらいで、その後は稼働の減衰率は漸減していきます。初回購入から半年後には初年度平均の累積客単価はおおむね見通せます。
　年客単価はあいまいな使い方をされる場合があるので、定義をはっきりさせたほうが良いでしょう。客単価について「当社の客単価は○○円だ」などの表現をお聞きしてとまどう場合があります。それはどういう意味での客単価なのか。
　年商を何らかに定義した稼働客数で割ればザクっとした年客単価は出ます。そういう数字もおおまかに事業構想する際などで使い道があります。ただ事業予測や事業採算を検討する際には利用しにくい。
　初回購入からリピートする顧客はどんどん減少して1年以上たてば、稼働率が安定します。ですから初年度の平均年客単価と、2年目以降に稼働した顧客の年客単価は額がぜんぜん違います。
　先に提示したような売上計画策定や採算性評価をするためには、少なくとも初年度顧客の累積客単価と、2年目以降の累積客単価は区分して算出すべきです。

04　個人客単位で採算をとる

　前節まででCPOとLTVが主要なKPIとなると説明しました。この二つの指数を使えば投資に対するリターン、基本的な事業採算性をはかることができます。

　以下のグラフは先に提示した月次累積客単価から、月次の販売利益を示したものです。初回購入から半年後に5,970円、12ヶ月後に8,680円と利益が積みあがっています。このようなとき新規顧客一人あたり獲得費用・CPOが7,500円であったならばその初期投資の回収期間は9ヶ月で、10ヶ月目以降は利益が出てきます。

　CPO7,500円の投資に対し下記の投資回収率は、12ヶ月で116％、24ヶ月で165％になっています。1年以内でCPOの回収ができる事業・商品はとて

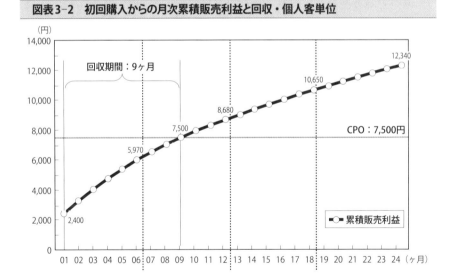

図表3-2　初回購入からの月次累積販売利益と回収・個人客単位

も優秀です。すでに数十億円以上の売上規模となっている通販事業の場合は、新規獲得投資の回収に2年・3年かかっています。既存顧客からの売上・利益があればそのくらいの回収スパンでも事業は回ります。

CPOと累積客単価の実績がある程度安定していて1年以内の回収、提示例の9ヶ月なら、基本的には、もう投資のアクセルを踏んでよい事業採算性といえます。立上げ期の通販事業で回収が2、3年かかるようであれば、事業の拡大はスローペースになります。

キャッシュフローに余裕がなければ、余裕があってもそうですが、できるだけ早く回収して事業の成長性を高めるようにします。その際にコントロールできるのは、やはりCPOとLTVです。

通販事業でCPOを下げれば・LTVを上げれば、それぞれ投資回収にどう影響するか。二つのKPIと事業収支の関係を図で見ると図表3-3のようになります。CPOの低下およびLTVの向上が、投資回収期間の短縮・ROIの向上に貢献することがわかります。

このような事業採算の試算、投資回収期間の推定をおこなうためには、売上を稼働客数で割るタイプの数字では難しく、月次の平均累積客単価のデー

図表3-3　CPO・LTVと回収期間

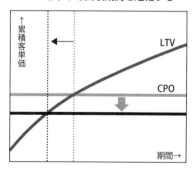
CPOを下げて回収期間を短縮する

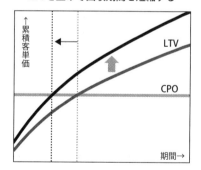
LTVを上げて回収期間を短縮する

タが必要です。また、後述（第9章14）のRF表ベースで投資回収を見通して「F4で回収しています」などの言い方も聞きますが、これだと投資評価に必須である期間の変数が入っていないため、どのくらいの期間で投資が回収できるかがわからないのです。RF表は施策開発にとても有効ですが、事業採算評価・シミュレーションには初回受注からの月次平均累積客単価表を使うほうが良いでしょう。

月次平均累積客単価の出力は、多くの通販事業管理アプリケーション・ASPで用意されています。若干のExcelのスキルが求められますが、受注履歴データからの算出も可能です。

05　事業単位で収益が積み上がっていく

さて前節までにCPOとLTV・平均累積客単価を使って個人客単位の事業採算を確認しましたが、事業単位になるとまた話は別です。先にあげた例では、年次の初月に獲得した顧客は12ヶ月後までに売上は21,700円に達しており、9ヶ月目にはCPO7,500円の投資を回収して利益を上げています。

ただし新規顧客は毎月ごとに獲得していきますので、年間の新規顧客数×年客単価にはならない。年次の最終月に獲得した顧客の累積客単価はひと月分しかありません。毎月300万円の媒体出稿で400人の顧客を獲得（300万円÷CPO7,500円＝400人）していく場合の月次の売上推移は図表3-4のようになります。

2016年4月に獲得した400人の顧客からは初月に240万円の受注、この400人からの売上はしだいに減りますが、翌月・翌々月に新たに獲得する顧客からの受注が得られます。この例では12ヶ月目には約860万円の月次売上になりました。

毎月の新規顧客からの受注だけでなく、このように既存顧客からのリピー

図表3-4 通販事業月次売上推移例

(千円)

	16年04月	16年05月	16年06月	16年07月	16年08月	16年09月	16年10月	16年11月	16年12月	17年01月	17年02月	17年03月
月次売上	2,400	3,240	4,012	4,722	5,375	5,975	6,526	7,032	7,497	7,924	8,316	8,676
16年04月	2,400	840	772	710	653	600	551	506	465	427	392	360
16年05月		2,400	840	772	710	653	600	551	506	465	427	392
16年06月			2,400	840	772	710	653	600	551	506	465	427
16年07月				2,400	840	772	710	653	600	551	506	465
16年08月					2,400	840	772	710	653	600	551	506
16年09月						2,400	840	772	710	653	600	551
16年10月							2,400	840	772	710	653	600
16年11月								2,400	840	772	710	653
16年12月									2,400	840	772	710
17年01月										2,400	840	772
17年02月											2,400	840
17年03月												2,400

ト・クロスの受注が積み重なって、月ごとに年ごとに売上が累積していくことは通販事業が急成長できる理由の一つです。

06 初年度は赤字でも数年で20億円以上の規模に

　前節で示した例について月次の収支をシミュレーションしてみましょう（図表3-5）。2016年4月にスタートしたこの通販事業は、年間約7,169万円の売上規模に成長しています。単月では10ヶ月目に黒字転換していますが、年間通してはプラス転換せず事業初年度収支は-732万円と赤字になりました。累積収支のマイナスがもっとも大きいのは9ヶ月目の-829万円で、10ヶ月目に

図表3-5　通販事業月次収支推移例

(千円)

	16年04月	16年05月	16年06月	16年07月	16年08月	16年09月	16年10月	16年11月	16年12月	17年01月	17年02月	17年03月
年間累積売上	2,400	5,640	9,652	14,374	19,749	25,724	32,250	39,282	46,779	54,703	63,019	71,695
事業利益	−2,040	−3,744	−5,139	−6,250	−7,100	−7,710	−8,100	−8,287	−8,288	−8,119	−7,792	−7,322
月次売上	2,400	3,240	4,012	4,722	5,375	5,975	6,526	7,032	7,497	7,924	8,316	8,676
原価・販管費	1,440	1,944	2,407	2,833	3,225	3,585	3,916	4,219	4,498	4,754	4,990	5,206
顧客獲得媒体費	3,000	3,000	3,000	3,000	3,000	3,000	3,000	3,000	3,000	3,000	3,000	3,000
月次事業利益	−2,040	−1,704	−1,395	−1,111	−850	−610	−390	−187	−1	170	326	470
新規顧客数（人）	400	400	400	400	400	400	400	400	400	400	400	400
稼働顧客数（人）	400	540	669	787	896	996	1,088	1,172	1,249	1,321	1,386	1,446

　はやや赤字が減ります。このままのペースでいけば20ヶ月目に累積赤字を解消して、事業2年目は単年・累積黒字に転換できる計算になります。前記のケースに当てはめたCPO・LTVのパラメータはとても成績が良い数字を使っていますが、それでも初年度は赤字、資金の準備が必要になります。

　このシミュレーションの場合でも初年度は赤字ですが、年を追うごとに採算は良くなっていきます。回収が終わって収支の良い既存顧客の比が高くなっていくからです。月次を拡大した年次のシミュレーションを見ましょう（図表3-6）。一つめは新規獲得媒体への投資額一定、二つめはそれを年々増やしていったケースです。

　投資額が一定でも5年目には2.2億円の事業規模になる。さらに投資をしだいに拡大するならば、5年後には20億円クラスの規模に到達しています。有

図表3-6　通販事業年次収支推移

1）新規顧客獲得媒体費：毎月300万円・年間3,600万円　　　　　　　　　　　　　　　　　　（千円）

	2016年度	2017年度	2018年度	2019年度	2020年度
年間売上	71,700	129,100	166,800	196,200	219,200
事業利益	−7,300	15,600	30,700	42,500	51,700
事業利益率	−10%	12%	18%	22%	24%
原価販管費	43,000	77,400	100,100	117,700	131,500
新規獲得媒体費	36,000	36,000	36,000	36,000	36,000
新規顧客数（人）	4,800	4,800	4,800	4,800	4,800
累積売上	71,700	200,700	367,600	563,800	783,000
累積事業利益	−7,300	8,300	39,000	81,500	133,200

2）新規顧客獲得媒体費を2年目以降毎年倍増して投入　　　　　　　　　　　　　　　　　　（千円）

	2016年度	2017年度	2018年度	2019年度	2020年度
年間売上	71,700	200,700	439,300	907,900	1,838,800
事業利益	−7,300	8,300	31,700	75,200	159,500
事業利益率	−10%	4%	7%	8%	9%
原価販管費	43,000	120,400	263,600	544,700	1,103,300
新規獲得媒体費	36,000	72,000	144,000	288,000	576,000
新規顧客数（人）	4,800	9,600	19,200	38,400	76,800
累積売上	71,700	272,400	711,700	1,619,600	3,458,400
累積事業利益	−7,300	1,000	32,700	107,800	267,400

望な事業でも初年度は赤字になる。そして初年度が赤字でも収支見通しが立つ限り投資を拡大していけば、通信販売は大きな収益が得られる事業に成長できるのです。

07　KPIはさまざまにあるが最小限で

　これまではCPOとLTVの指標、二つだけを使って通販の事業採算を説明してきました。これ以外にも各分野の通販事業で使われている指標は多数あります。よく使われる・重要な指標には図表3-7のようなものがあります。

　この他に、過年度顧客売上構成比、CVR（Conversion Ratio：顧客転換率）、ROI（Return of Investment：投資収益率）、2年目継続率など。各指標を使えば採算性を見通したうえでの事業計画、より採算を上げていく施策開発に役立ちます。

　ただ実際的な事業計画の現場では、管理指標はあまり多くしすぎないことをお勧めします。事業管理システムやExcelを使って数字を割ったり掛けたりすると、それなりに使える指標が出てきます。実態が見えてくる気がします。その反面で指標の使いすぎの逆作用も出てきます。

　事業評価指標・管理帳票は事業を把握するためのものですが、それが膨大になればむしろ事業の全体像が見えなくなります。事業の"見える化"のために多くの管理指標を使いすぎたあまり、出力する月次の管理帳票が数百ページになっているケースもありました。

　利用すべき指標は、局面・担当に応じて取捨選択して使います。年次・半期の総括などスポット的に事業を振り返る際にはいくつかの視点から指標を当てはめてみる。施策の投入ごとや月次に使うルーティンの指標はスマートに、少なめの指標を使いましょう。レポート作成に過大なカロリーをかけるより、表現や施策アイディアの開発に注力するほうが生産的です。

図表3-7　通販事業でよく使われる指標

レスポンス率	＝レスポンス数÷媒体到達数

投入した媒体の到達数（媒体部数やインプレッション等）に対する商品購入やサンプル請求のレスポンス率。RR（Response Rate）の表記も。

CPR（Cost Per Response）	＝投入媒体費÷獲得サンプル請求者数

新規顧客の獲得が本品からでなくサンプル請求であるツーステップ販売の場合の、サンプル請求者一人あたりの獲得費用。

CPA（Cost Per Action）	＝投入媒体費÷レスポンス数

本品購入・サンプル請求を問わない顧客レスポンスあたり獲得費用。ネットプロモーションで多く使われる。CPOと併用される場合は、CPRに同じ。

MR（Media Ration）	＝初回受注単価÷CPO（＝初回売上÷投入媒体費）

投入媒体費に対する直接（初回）売上の比を示す。媒体投資効率の一側面を示す。

ROAS（Return On Ad Spend）	＝初年度年客単価÷CPO

投入媒体費に対して初年度どれだけ売上が得られるか、その比を示す。年間のMR。

即注率・直上率	＝特定条件購買者数÷初回接触顧客数

顧客の初回注文の段階（インバウンド・ランディングページ等）で、本品購入や定期顧客などのより有利な条件での購入にアップセルする率。

引上げ率	＝上位取引転換数÷受注数

転換率・CVR（Conversion Ratio）のうち、サンプル→本品・本品→定期など上位の取引への転換率のことを指す。ツーステップの売り方の場合は特に重要指標。

回収期間	CPOと月次累積客単価・利益から算出

顧客あたりの累積利益がCPOを上回るまでの期間。短いほど望ましい。

リピート率	＝2回目購入者数÷初回購入者

商品購入者の次回購入率。多くの場合、初回購入者の2回目購入率のことを指す。後者に特定する場合はF2転換率とも。

回転数・稼働率	＝期間累積客単価÷受注単価

累積または年間の受注回数で、RFMの購買頻度、Frequency。顧客のクラスター化や事業の収益性を評価する際に使われる。

08 投資についての理解・判断を誤ると成長機会を逃す

　通販事業の「投資」について基本的な内容を整理します。まず、あらゆる事業は投資によって成立します。生産ラインを組んで商品が製造できる、店を作らないと商品は売れない。改めて言うことではないのですが、通販事業については（大きな）投資をせずに成長できると考えてしまう人もいるようです。

　通販ビジネスはインターネットを使って、パブリシティを活用して、SNSのバイラルマーケティングで、大きな投資をしなくとも事業拡大できる。いえ、そんなことはありません。

　われわれの暮らす市場社会では供給が限定された有用なものには有用なりの値札がつきます。事業に役立つサービス・商品も、費用をかけないと入手できない仕組みになっています。無料やタダ同然ならば、それは基本的には誰でも使える価値のないものです。元手なしで通販事業ができるという主張は、おおむね永久機関の発明と同様に扱われるべきでしょう。

　通販事業でも投資は必要です。事業の立上げ半年から1年程度の期間で、新規顧客獲得への投資を中心に、1,000万円程度以上の資金が必要だと思ってください。

　当然、リスクヘッジのために初期段階の投資をミニマムにする事業段階設計は不可欠です。それに加えて適切な規模の投資をし、その効率を最大限に向上させる工夫をすれば事業成長の可能性は高くなっていきます（第7章08・第11章07）。

09 広告費は「新規顧客獲得費」として把握する

　通信販売事業で、もっとも大きな比を占める投資費目は新規顧客の獲得のための広告媒体の費用です。以前は広告以外に市販のリストを利用する手法があり新規顧客の主要な獲得チャネルの一つでしたが、2003年の個人情報保護法の施行以降は使われていません。現在は新聞・ネット・テレビなど媒体での新規顧客獲得が中心になりました。

　「広告は通販における店舗」という言い方があります。通販事業で広告は商品を買っていただく場所で、商売に不可欠であるという意味で妥当な比喩です。ネット上のECで、またはランディングページをおいて通販する場合も同様です。売り場に人が来なければ店として成り立たない、前面通行量ゼロの道沿いに店を開いているのと同じです。店として成立させるには、リスティング・バナー等で見込み客を売り場に呼び込まなければならない。通販は、広告≒店舗に投資して顧客を獲得した後にはじめて売上・利益が得られます。すなわち広告での顧客獲得に投資しなければ、通販事業は成長できません。

　事業に不可欠であるこの新規顧客獲得の広告投資には、強力な敵がいます。それは「販管費のコスト削減」への志向です。企業が広告に投資する費用は一般的に販管費に区分されます。その販管費は、健全な企業経営のためにはできるだけ圧縮すべきだとされています。その常識が通販事業の成長を抑制する敵に回ってしまうのです。

　銀行の融資担当の方と通販の事業計画について検討する機会がたまにあります。新規事業として通販に取り組むクライアントで筆者が説明係として呼ばれたりするわけです。そういう場面で、テスト後1年目の広告費・新規顧客獲得投資は売上に対して100％を超えますなどの説明をすると、融資担当の方は「いったい何を言ってるのか意味がわからない」という顔になります。

　販管費は削減すべしという立場からは、売上を超える広告費を投入して儲

かる事業になるわけがない、せめて売上対広告費比を20％程度まで抑えるべきと主張したくなるのでしょう。

　売上対・利益対の広告費比抑制の問題は、ある程度の規模に成長した通販事業でもおこりがちです。年商が10億円以上になり、新規顧客からの売上比が立上げ時より小さくなってきた通販事業では売上対広告費比が80％などという数字にはなりませんが30％程度ならばありうる。これをコスト削減の対象として広告費をたとえば売上対10％に抑えると、事業の成長は抑制されます。縮小にさえ陥りかねないのに事業の採算構造を理解していない経営層や外部機関が「販管費コスト削減」の指針を設定する場合もあるようです。

　そうでなくとも一般に広告費は「冗費」と考えられがちです。そこで通販事業の計画策定の際は「広告費」ではなく「新規顧客獲得費」として理解・把握することをお勧めしています。また事業計画や評価をおこなう管理会計上でも、広告費＝新規顧客獲得費とその他の販管費をはっきり性格が異なるものとして把握するべきでしょう。

　予実管理などで、新規顧客獲得費を売上・利益に対する比で決定するのではチャンスロスやムダ遣いを招きます。年次売上・利益計画の目標にあわせて獲得すべき顧客数を算出し、平均CPOなどの指標を使って適切な新規顧客獲得費を計画・設定しましょう。

　もとより通販の新規獲得費は正確な認識で運用すれば、だだ漏れにはならない仕組みをもっています。投資した新規獲得費が事業収益に資するものかどうか、CPO指標を使って月次に・投入ごとに効率がチェックできる、それが安全弁になります。

10 「獲得効率のワナ」が負のスパイラルを招く

　各KPIの評価の基本は"効率"です。できるだけ効率良く新規顧客を獲得する。すなわちCPOは低いほうが良い。これは事実ですが、これを墨守するあまり思わぬ落とし穴に陥る場合があります。

　折込チラシでCPO 5,000円の新規顧客が取れている商品があるとします。投資分になる獲得コスト5,000円もリピート売上で12ヶ月で回収できるので、全国の世帯にチラシを投入して事業も成長してきた。ところが同じチラシを投下しているうちに環境変化もあり獲得効率がしだいに低下してくる。平均CPO 8,000円にまで悪化する。

　このままではマズいのでエリア別のレスポンスデータを分析してみると半分の地域でCPO目標に到達していない。そこで効率の良い地域に限定してチラシを投入することにする。そうすれば思惑通り目標CPOに復帰できる。それどころか平均CPOが4,000円になって獲得効率も向上できた。さらに絞り込めば事業の利益率は上がっていく。

　このような事業運営をずっと続けていけば、「獲得効率のワナ」にはまる可能性があります。新規顧客獲得の展開領域を効率良いセグメントに、エリアや媒体を絞り込んでいくと獲得効率は向上します。その一方で客数は減少し、事業の"生息水域"は徐々に狭くなっていきます。一時的に事業の利益率が向上しても、利益額も事業規模も減少していく方向に向かってしまう。

　顧客獲得効率の向上を求めすぎたあまり、客数が増えずに事業は縮小再生産の負のスパイラルに陥ってしまう。これが「獲得効率のワナ」です。ネット広告のマネジメントツール、DMP（Data Management Platform）なども基本的に効率による最適化の仕組みなので、正しく運営しないとこのリスクから免れえません。

　実際に、間違った効率の追求がブレーキとなって拡大のチャンスを逃す通

販事業も見受けられます。チャンスロス、縮小再生産を避けるためには、効率と同時に目標とする事業"規模"の視点を見失わないようにしなければなりません。前記のケースで獲得効率のワナに陥らないようにするには、どうすべきか。

・新しいチラシ表現と売り方をテストして獲得効率を再向上させる。
・ネットやインフォマーシャルなど折込チラシ以外の媒体をテストする。
・CPOを現実的なレベルに再設定するために客単価を向上させる。

上記などの対応が考えられます。要は効率を維持・向上させながら獲得する客数を増やし、売上・利益額の"規模"の拡大が可能な施策を検討することです。効率と規模を両立できるように、巨視的に・フレキシブルに事業運営をおこなうべきでしょう。

第4章
［商品設計］どういう商品・MD設計を投入すべきか

　通販事業の成否を決定する事業要素は、商品・表現・媒体・リテンション・フルフィルメント・ブランドなどがあります。そのなかでも、やはり商品自体は決定的に重要です。通販も店販も、商品を売って使っていただく商売ですから。ただ通販の商品は、店販とはやや異なる特徴・要件をもっています。通販で売れる商品は何なのか、この章では全般的な特徴と要件を整理します。また、カテゴリー別にも通販商品の設計・設定について検討します。

01 まず、店で売れる商品は通販では売りにくい

　週初めの重い新聞、はさまっている折込チラシの束の半分は通販チラシ。新聞を開くと5段・15段の通販広告。BS放送にチャンネルを合わせればCMチャンスごとにひっきりなしにインフォマーシャルが流れる。ブラウザを立上げると通販商材のリターゲティングバナーがずらり並ぶ。便利な化粧品、画期的な健康食品、さまざまな商品が通信販売で媒体を通じて売られている。ひんぱんに目にする商品もあって、売れ行きが良いのかもしれない。自社の商品もこうやって通信販売で売れないものか。

　通信販売で可能性があるのはどんな商品でしょう。商品のカテゴリーで見ると一般に通信販売で扱われているのは、化粧品と健康食品、衣料雑貨。くわえて食品、医薬品などが大きな商品分野です。これらの範疇の商品ならばすべて売れるというわけではありません。

　また店舗での販売で成功している商品が通販でも売れるとは限りません。むしろ店で普通に買える商品は、同じものをわざわざ通販で買う理由がない。通販では売りにくいと思ったほうが良いでしょう。逆に店では売りにくい商品が通販では大きな事業になる可能性があります。

　この商品が売れるかどうか、商品を訴求する表現と適切なオファーを開発して市場に投入してみる。そうすれば実地で売れる・商売になるかがわかる。もちろん最終的にはそうなのですが、事前にアタリが付けられないか。通販で売れる商品に共通する特徴はあるはず。どういう商品が通信販売に向いているのか、その特徴を整理していきましょう。

02　説明が必要な商品は向いている

　たとえば化粧品ではドクターシーラボなどの「オールインワンジェル」、健康食品でやずや・えがおなどの「黒酢・香醋カプセル」。これらは通信販売でのヒット商品ですが、いずれも店販からの市場導入は難しいタイプの商品です。

　ドラッグストアの棚にそれら商品を並べてみましょう。ただ置かれた状態では売れ行きは見込めそうもありません。パッケージとPOPくらいでは自分にどんなメリットがあるのか全然わからないからです。

　そこに販売員を配置してデモ販売をする。「この化粧品は四つのアイテムを一つにした」、あるいは「健康に良いお酢をカプセルに詰めて飲みやすくした」——30秒から1分ぐらい説明すれば売れる感触がつかめます。

　デモ販売のような厚い商品説明は人的販売の専売特許ではありません。テレビやネットなど媒体を通じた商品説明は可能ですし、むしろ到達コストでは人的販売より媒体経由の販売が有利です。さらに通販なら、人的販売の物理的制限を越えて速く拡大できます。長めの説明が要る商品、すなわち見込み顧客にていねいな商品情報を与えることで初めて売れる商品は、豊富な情報提供が可能な通信販売に向いているといえます。

　商品情報は商品の基本特性に限りません。多くの人の購入意向を喚起できるなら、製法や産地、由緒、逸話、提供者の思い、希少な理由などの情報を活用できます。もちろんそれらの話が長すぎだと困ります。媒体スペース（ex.紙面・ランディングページの長さ・インフォマーシャルの尺）の限界があります。適切な量の情報で多くの人に「買いたい」と思わせられる商品なら通販が検討できます。

03　気づきを与えて売れる商品が適している

　「それ隠れイボかも？」と消費者に注意喚起して購入に誘導しているのは新日本製薬の医薬品「ヨクイニン」の通販広告です。この広告は、ターゲットが自分の皮膚の状態がイボであると気づいていないことが前提になっています。消費者が必ずしも意識していない必要を気づかせて、対応する商品を買わせる仕組み。コピーとビジュアルの表現が消費者にアテンションを与えて、事前には存在していなかった需要を創造します。

　店頭商品でもCMなどのプッシュ力のあるメディアを使えばアテンションによる需要創造が可能です。ただ通販ならば、注意喚起したそのタイミングに購入のチャンスを設定できます。気づきを与えたランディングページで、インフォマーシャルで、その場で注文ボタン・フリーダイヤルによる購買転換が可能です。忘却による減衰を避け、かつアテンションで開発した需要を他商品に漏らさず、まるごと取り込める。それが通販のメリットです。

　このような気づき−刈取り型の販売ができる商品は通販商材として検討できます。自社の商品が気づき提供型の商品ではなくとも、商品特性に啓発・注意喚起できる側面があるか、それで創造できる需要があるかどうか検討してみるのも有用です。

04　提供者が"売りたい理由"がある商品は通販で売る

　他ではない、この商品を"売りたい理由"を提供者がはっきりともっているほど、商品の売れる見込みは高まります。

　いまこれが売れていそうだから、あるいはメーカーに提案されたからとりあえず通販で扱ってみよう。こういうスタンスで売られる商品が成功するの

は容易ではありません。売りたい理由が、ただ儲けたいから、というのでは当然ながら不十分です。

　たとえば井上誠耕園なら三代続く小豆島の農家として、心と体に優しいオリーブ製品、小豆島の産品を全国のお客さまにお届けしていきたい。そういう思いで商品を販売しています。医薬品通販の富山常備薬ならば「母のシミを解消したい」と開発した医薬品を、広くお客さまに役立ようとする意思が事業の根幹にあります。このように消費者に対して提供者が、この商品を売りたい理由を熱意をもって語れる商品は、売れる可能性が増します。

　なぜ"売りたい理由"が強い商品は売れるのか。まずは、商品にかかわる情報の生産性が高い、すなわち当該商品について多くの情報を供給できるから。仕入れただけの商品は、メーカー提供のスペック以外に語ることばがない。思い入れのある商品ならば、たくさんの内容を語れます。これは先の「説明が必要な商品は通販に向いている」特徴と重なります。

　もう一つ、売りたい理由のメッセージは消費者の"買うべき理由"として共感を形成します。そういう意味では、売りたい理由は提供者側だけの都合ではダメ。消費者の共感を呼べる・また消費者のメリットとして受け取られるものでなくてはなりません。

　小豆島の永く続く農家が届けるオリーブならば本物だ、母に処方したいような医薬品なら安心だろう。例示した２社の"売りたい理由"は、そのように受け止められて消費者にとっての"買うべき理由"に転換しています。

　通販で売る商品について、なぜこの商品を売りたい・売らなければならないのかを顧みてみる。共感を形成する道筋を検討し、それを消費者のメリットになるようにメッセージを作っていけば通販に適した商品が開発できます。

05 店販よりも高い価格設定ができる商品は通販に合う

　通信販売なら問屋や店を通さずに売れる。中間マージンを廃して、安価に直接に顧客に通信販売する。安い商品なら売れるはずだ。「消費者に直接に・安価に販売する」昔から言われているダイレクトマーケティングの立脚点の一つで、これはいまも事実です。実際に化粧品総合通販のDHCは、ちふれ・肌ラボの店販マスブランドに対抗できる低価格で売上1,000億円の事業を成立させています。

　では店よりも安価に売るのが通販の本筋かというと、そうではありません。通販の商品と店頭販売で売られている商品の値段を比べると、通販商品のほうがむしろ高い場合が多いことに気づきます。資生堂の代表的なエイジングケア高級化粧品ブランド「エリクシールシュペリエル」の美容液よりも、再春館製薬所の「ドモホルンリンクル」の美容液のほうが高い値付けです。食品通販、久原本家の「茅乃舎」だしパックは、代表的なかつお節メーカーであるヤマキの店頭商品よりも高価格で販売されています。

　店販に匹敵して商品を安く売るDHCなどの通販事業は、通常は広い品揃えをもっています。低価格で累積客単価を維持するために、クロスセル・アップセルを発生させる豊富な品揃えが事業の前提になるからです。また同価格で同等の商品のあるドラッグ・コンビニに対抗して優位であるためには、安さにプラスして通販ならではの"売り場"の魅力が必要。デジタルやリアルのカタログなら、店舗面積の物理的制限を超えた商品数が提示できます。そこで品揃えの幅広いMDの価値を提供して顧客を誘引、囲い込む仕組みになっています。ニッセン・千趣会の衣料総合通販も同様のスタイルです。

　事業の立上げ時には商品のアイテム数が少ないのが通常ですから、高客単価を形成するためには、低価格型よりも高付加価値型の商品設計、店頭の同等商品よりも高価格の商品を扱うほうが有利です。

また、メディアを通じて販売する通販が店頭販売に対して決定的に優位なのは商品情報の豊富さです。長いランディングページ、29分や60秒の尺のあるテレビインフォマーシャル、全面広告15段など広いスペースの新聞広告、B4サイズのウラオモテで一つの商品のみを紹介する折込チラシ。通販ならば、これらの媒体で商品情報を豊富に提供し消費者の欲求を喚起、付加価値を形成して商品を高く売れる。付加価値の大きい商品を売るほうが、むしろ通販は得意だといえます。

　DHCのような、あるいは「1杯19円」のコーヒー通販のブルックスのような通販のビジネスモデルはあります。大きな覚悟をもってチャレンジするなら「消費者に直接に・安価に販売する」通販事業もありえます。ただ、これから拡大・参入する通販事業は、まずは店販よりも値付けの高い高付加価値の商品を検討したほうが良いでしょう（価格については第8章も参照）。

06　40代以上女性に売れる商品を通販で

　通販商品のターゲットは誰か。所得・生活様式・意識などターゲットにはさまざまな切り口がありますが、性・年齢層でざくっと言うと通販商品でコアターゲットとしたいのは40代以上の女性です。

　とても乱暴なターゲット規定ですが、手持ちの商品が40代以上の女性にも売れる商品要件であれば40代以上の女性を対象に絞ったほうが売りやすい。これから商品を設計していくのならば、まずは当該層を主ターゲットとして検討します。

　世の中には男性も半分いて20代・30代の女性もいる、なぜ40代以上の女性が優先なのか。もっともな反論です。まず通販の主力カテゴリーのうち二つ、健康食品・化粧品の消費額を見てみましょう。

図表4-1　世帯主年齢層別健康食品・化粧品消費支出額指数

化粧品は50代がピーク、健康食品は70代

年齢層	化粧品	健康食品
-20代	10.1	63.6
30代	28.3	93.8
40代	51.3	104.3
50代	91.9	116.3
60代	118.4	102.7
70代-	158.4	89.0

（注）全世帯平均の各品目への支出を100として算出
（出所）総務省「家計調査」2014年

　化粧品への支出額のピークは50代で、20代の1.8倍あります。健康食品は年齢層が高いほど支出額が大きくなっています。衣料品への支出も50代がピークです。購入あたり単価も各カテゴリーで同傾向。そもそもの消費支出額が大きいのも50代、お金を使ってくれる年代層をまずはターゲットとするのは当然です。

　もう一つは媒体要件です。通販で主に利用される媒体はテレビインフォマーシャル・新聞・折込チラシ・ネットの四つ。そのうちの二つ、インフォマーシャルと折込チラシは、ほぼ40代以上の女性向け媒体と考えたほうがいいでしょう。男性も読む新聞についても、掲載広告からアクセスにいたる購買行動を起こすのは女性のほうがはるかに多い。ネットは60代以上には辛いですが、50代までは女性も男性にも到達します。

　四つの媒体と相性が良いのは40-50代女性、そのほかの年代層に絞り込ん

で主ターゲットとするのならば、媒体選択が限られてしまいます。

　通信販売において媒体は売り場ですから、売り場の範囲は限定されたくない。さまざまな媒体で売り場を開けて、買う機会を複合的に設定できるターゲットを狙うほうが事業の成長可能性は高まります。

　もちろん通販で売られる商品で男性用の育毛剤や、20-30代女性を主ターゲットとした化粧品ブランドもありますし、ネットのみの販売でも伸びないというわけでもありません。

　ただ商品要件で性・年齢がフリーハンドやそれに近い段階ならば、40代以上女性をコアターゲットにしたほうが基本的に得策であり、当該層を主ターゲットとできる商品が通販に有利だとはいえそうです。

　ときに通販事業者やサポート企業において、なぜか若い層にアプローチしたがる傾向が見られます。仮に外部企業から20-30代を中心としたコミュニケーションの提案があったなら、まずは警戒心をもってあたったほうがいいでしょう。ターゲットに効率的にアプローチできる媒体・売り場があるか、店販商品と競合できるか、その層は通販の高付加価値商品を買ってくれるか、慎重に検討します。

07　通販商品の三つの要件

　これまで売りやすい・売れる可能性の高い商品の特徴をあげてきました。これらは特徴・傾向であり、必ずしもすべてを満たさなければならないわけではありません。ここでは通販の商品の必要な条件を整理してみましょう。通信販売で新規顧客を獲得する商品を検討・開発する際には、以下のような三つの要件を参照してみてください。

01）新規顧客の20-30％以上で3ヶ月以内のリピートが見込めるか。

02）初年度の客単価が1.5万円程度以上見込めるか。
03）商品の原価率が20％（食品なら45％程度）までに抑えられるか。

　三つの要件は新規顧客獲得の投資であるCPOの回収を短期間で済ませられるか、平均累積客単価・利益が十分に稼げるかという観点で設定されています。期限を設定しての採算点は別の解がいくらでもあるので、上記は簡易な物差しみたいなものです。ただ新規顧客の1割もリピートしない、適時リピートしてくださる良い顧客を想定して年客単価が1万円に満たない商品は、何年たってもCPOを回収できない可能性があります。

　たとえば福岡県柳川市発の商品で「ゆずすこ」という液体調味料があります。ゆずと青とうがらしの香りが爽やかで、ゆずこしょうと同様に鍋物の薬味にも適してヒット商品になっています。これを通販で売るならどうか。1本540円の価格では心もとないので3本セット1,620円に設定する。人気の商品なのでCPOが3,000円で新規顧客がとれたとします。これで初回の購入があった世帯が3本を使い切るには半年くらいかかりそう。しかし、おいしいので新規顧客の50％が半年後にもう3本リピート購入すると、初年度の平均年客単価は1,620円×3の50％で計2,430円。リピートする稼働顧客想定でも1,620円×2回の3,240円です。このペースではCPOの3,000円の回収は3年以上かかってしまいます。「ゆずすこ」はとても良い商品ですが、自社通販の新規顧客獲得商品としては設定しにくいといえます。

　これは1,600円の絶対価格のせいではありません。えがお・健康家族などの健康食品の主力の商品単価は1,600円程度です。ただ1年12ヶ月の購入で最大16,000円の年客単価に積み上げられますし、他の商品のクロス提案もなされます。1,000-2,000円台の商品でも反復購入が見込めればよい。逆に単価は高くとも反復性の薄い商品は通販の新規獲得商材としては難しい。ギフト商材・季節性の海産物などは通販商品にあまり向いていない典型になります。たとえば明太子・カニ、これらのような食品は年に1-2回程度の購入

チャンスしか見込めません。次節で説明するクロスカタログの設定などの工夫が必要です。

　要するに初回購入額が小さくとも、反復購入で大きな累積売上・利益が見込める商品・MDであれば通販向きです。実際に自社通販で成功している通信販売の商品は、多くの場合上記の要件を満たしています。検討していた商品が三要件にあてはまらなければ、リピートが見込めるような商品設計に作り直す。通販で成立するような商品を自社の周辺で探す。想定される平均累積客単価に留意しながら商品とMDを開発すれば、事業の成功が近づいてきます。

08　クロス商品MDで客単価を向上させる

　新規顧客を獲得するメインの商品での客単価不足が予想される場合は、クロス商品を設定します。媒体はまず商品のお届け時に同梱するリーフレット、さらにダイレクトメール・カタログや自社サイト。基幹商品を買った顧客に複数の別の商品を提案・リコメンドして客単価を上げていきます。

　通販業界で「単品通販」という事業カテゴリー概念が強くあって、そのことばへの誤解からリピートで稼ぐのを基本としてクロス商品の設定を避ける傾向があったようです。適切なMD設計と商品管理が可能ならば、クロス商品を避ける理由はない、いまは多くの方がそう思うようになっています。ではクロス商品はどのように設定すればよいのか。

　クロス商品は何でも売ればよいというのではありません。在庫のリスクもあるので、できるだけ効率よく売りたい。基幹商品の購入者に合わせて、その層が購入しそうなクロス商品を提案する。まずはこれが基本です。高齢女性が顧客ならば、高齢女性が買いそうな商品をクロス提案する。ただ、これだけではまだ不十分。

グルコサミンのサプリメントの購入者のご家庭では、高い確率で下着・お茶・基礎化粧品・鍋を購入して利用しているでしょう。だからといってグルコサミンサプリに同梱するリーフレットで、下着や鍋をクロスしようとしても売れない。関節サプリのブランドが売るのにふさわしい商品を選んで提案します。ターゲットの重複だけでなく、提供者のブランドの特徴と商品MDの連関性・相乗性が求められます。そのように対応している三つのブランドのクロスMDの例を挙げましょう。

　ドクターシーラボはオールインワン基礎化粧品の「アクアコラーゲンゲル」シリーズを中核商品としています。クロス商品の主力はベースメイク化粧品の「BBパーフェクトクリーム」、一つで六つの役割のオールインワンファンデーションです。簡便性を提供する商品ですから、ターゲットが重なるというだけでなくオールインワン基礎化粧品を提供するブランドにふさわしいクロス商品です。さらに「皮膚の専門家が作ったメディカルコスメ」という同社のブランド特性が、簡便であっても安心・高機能を総体として保証できる仕組みになっています。

　京都の宇治田原製茶場は折込チラシなどで煎茶を売って新規顧客を獲得します。煎茶を売るブランドなので、玉露・抹茶・ほうじ茶などは当然クロスで売れます。また同社のカタログは「月刊茶の間」というネーミングで、お茶の間で消費される商品群にクロスMDを拡大しています。同社のお茶を喫しておいしさを味わっていただいた方に、同じお茶の間で消費する雑貨の急須、お茶請けの菓子、梅干などの食品、健康茶を始めとする健康食品も提案して、客単価を向上させています。

　総合通販のフェリシモは衣料の頒布会通販を中心として、幸せな生活文化を育むブランド。暮らし方・ライフスタイルを提案するブランドです。そのフェリシモに「500色の色えんぴつ」という商品がありました。ふつうは色鉛筆の500色はとても使いこなせない、それが必要な生活はないといってよい。

しかし単なる必要を超えるのが"ライフスタイル提案"の本質です。思いも寄らない楽しさをリコメンドするこの商品は、まさにフェリシモらしい商品です。

同商品は1992年に限定発売されて10万セットを完売。2013年にも復刻され、意外性のあるギフト、眺めるだけで魅力的な部屋のインテリアとしてヒット商品となりました。

ターゲットの適合、商品の消費場面、需要機会、グレード、さらにはブランドとの適合を踏まえる。消費者にとって、この提供者の売り場で提案されて腑に落ちる。他ではない、このブランドで買うべき理由がある。納得性の高いクロス商品&MDを設定できれば、客単価は向上していきます。

09 化粧品：店頭販売と拮抗して成長する

ここからは通販の代表的な商品カテゴリーを概観していきましょう。まずは通販化粧品。2兆円の化粧品市場の中でも通販チャネルは約15％程度を占めて、なお成長を続けています。低い参入障壁もあって、通販化粧品は急成長ブランドがつぎつぎと生まれていく活発な市場。オルビス・DHC・ファンケル・ドクターシーラボなどは、店頭販売も含めたマルチチャネル化を進めて大きなブランドになっています。

通信販売は、化粧品市場で新しい流れを作ってきました。1986年からフリーダイヤルによる通販を本格展開してエイジングケア化粧品のカテゴリーを形成した再春館製薬所。ファンケルはスキンケアに「無添加」という強力なコンセプトを打ち出しました。ドクターシーラボや新日本製薬は基礎化粧品で「オールインワン化粧品」という新しいアイテムを確立させています。資生堂・花王の強力なマーケティング企業が存在するこの市場で存在感を発揮するために新機軸の商品を提案する必要があり、その成功が通販化粧品の成長を支えてきました。

また流通構造の変化が通販化粧品の成長基盤になっているという側面もあります。化粧品の主力販売経路はおおむね四つ、専門店チャネル・セルフチャネル・訪販チャネル、そして通販です。化粧品業界で伝統的に主力の百貨店・専門店チャネルは、対面販売のカウンセリングにより高付加価値の商品を販売しています。

　その一方、専門店を維持する高い販管費比は成長の足かせになります。専門店以上に人間関係に依存する訪販チャネルは在宅率の低下・地域コミュニティの紐帯の希薄化で、激しい地盤沈下にさらされています。これらにともない、ドラッグなどセルフチャネルが伸びてきました。ただセルフチャネルは、専門店・訪販がもつ商品提案の機能が劣るのは弱点です。消費者が欲しい商品のみを買えるだけに、提案によるアップセル＆クロスセルが難しい。

　通販化粧品は店舗・人的販売をともなわないのでその分の販管費は圧縮できます。しかも会員向け定期刊行物を通じた、濃い情報提供による商品提案が可能。訪販・専門店の人的販売の提案力と、ドラッグの低販管費の利点を兼ね備えています。

　専門店チャネル・ブランドが残っている限り、商品価格の相場・値ごろを上に引き上げてくれるのも通販化粧品にとってありがたい市場環境になっています。

10　化粧品：入口を基礎化粧品セットにするか、ワンアイテムか

　オルビスの顧客はオルビスの、ランコムのユーザーはランコムの基礎化粧品を使っている。これはさほど自明ではありません。

　いわゆる「ライフスタイル」概念を重視しすぎると消費者のブランド選択の一貫性を自明に考えがちですが、消費者は多元的なブランド選択をしている、そう捉えたほうが実態に近いでしょう。

化粧品の利用者は一つのブランドですべてのアイテムを揃えるわけではありません。実際に消費者調査で把握すると、アイテムごとに異なるブランドを選択しています。基礎化粧品のカテゴリーでも化粧水はDHC、美容液はエスティローダー、ふだんの朝の手入れは新日本製薬のオールインワンで簡便に、といった具合です。スキンケアだけで2～3ブランドを併用するのは普通です。そのため新規顧客を獲得してもその顧客が自動的にブランドをライン使いしてくれるわけではありません。

　通販化粧品ブランドが客単価を上げていくためには、獲得した顧客に自社ブランドのアイテム利用を拡大するように働きかけていきます。その際の主力ツールは会員向け定期刊行物です。ファンケルは「エスポワール」、再春館製薬所は「つむぎ」、ハーバーは「無添加通信」など。それぞれ手間とコストをかけて、顧客の囲い込みを図っています。化粧品通販ブランドにとって、これらのツールで顧客の"化粧台内シェア"を上げるのが、新規顧客獲得と並んで主要な事業目標となります。

　これらを踏まえると化粧品の事業設計をおこなううえで、新規顧客を獲得する商品を何に設定するかは重要な検討事項になります。これは各ブランド

図表4-2　通販化粧品ブランドの主力新規顧客獲得商材

新規顧客獲得商材	代表的な通販ブランド
1) 基礎化粧品セット	・ドモホルンリンクル　・アスタリフト　・ライスフォース ・米ぬか美人／日本盛　・エファージュなど
2) 洗顔・クレンジング	・悠香・長寿の里・ヴァーナル・マナラ／ランクアップなど
3) オールインワン	・ドクターシーラボ　・パーフェクトワン／新日本製薬 ・コラリッチ／キューサイなど
4) 美容液	・ハーバー研究所　・インナーシグナル／大塚製薬 ・エクイタンス／サンスターなど
5) その他	・ベアミネラル（ベースメイクセット）

異なる戦略をとっており、2015年時点では新規顧客獲得商材について以下のような区分ができます。

　基礎化粧品セットを新規顧客獲得の入り口商品とする場合の売り方はツーステップ、まずサンプル・お試しでの試用客獲得になります。この方法であれば、ライン使いの提案から入るのでアイテム数を確保しやすい。実際、基礎化粧品サンプルセットを入り口とする再春館製薬所・アスタリフト・エファージュなどは自社顧客の自ブランドアイテム利用率を高く獲得できています。反面、セットでの利用提案はアイテム単品での新規顧客獲得に比べると利用開始のハードルが高くなってしまう難点があります。

　洗顔・オールインワンなどは消費者にとって比較的にブランドを切り替えやすいアイテムです。それらを入口商品とする方法ならば、消費者は一つのアイテムだけの利用を検討すれば良い。初めてのブランドを採用する心理的障壁は小さくて済みます。売り手としては、比較的に低いCPO、効率の良い顧客獲得が期待できる長所があります。

　さらに通販事業者は化粧台に送り込んだ単品アイテムの"トロイの馬"から、一品一品ひっくり返してライン使いへと導いていきたい。しかし、その後の商品提案・ライン拡大は、なかなか思うようにはいきません。ワンアイテムでの新規顧客獲得は成功したものの、他の基礎アイテムの利用が増えない、客単価・LTVが増やせない。急成長したオールインワン・洗顔の通販ブランドは、この問題に直面します。

　基礎のサンプルセットで新規顧客を取るか、それともワンアイテムで取るか。通販化粧品ブランドを設計するうえでの大きな選択になります。現状で見ると近年の新規参入（に近い）ブランドは、比較的に小さな原資で参入できるワンアイテムからスタートするケースが多いようです。

　特徴あるクレンジングで急成長している「マナラホットクレンジングゲル」のランクアップ、オールインワンの「メディプラスゲル」のティーエージェントなど。ナショナルブランドのメーカー系ではオールインワン「糀肌」の

ロート製薬、美容液の定期購入を入口商材とする大塚製薬の「インナーシグナル」などが特定アイテムでの顧客獲得で成長している事例です。

基礎化粧品セットの通販事業で近年、もっとも成功したのは富士フイルムの「アスタリフト」でしょう。2007年の事業開始後8年で150億円規模の化粧品ブランドとなりました。この成功は、松田聖子・中島みゆき・小泉今日子・松たか子という豪華なタレントを採用した大規模メディアミックスキャンペーン（第6章10）の投資に支えられています。現状では、当該事業の売上対比の推定コミュニケーションコストは、通販事業としては決定的に大きいものではありません。

ただ、採算性の見えている既存事業ならともかく、事業の垂直立上げの時点で10億-20億円規模のコミュニケーション投資を決断するのはとても難しい。10年前と比べて通販化粧品ブランドの数も増えていることもあって、基礎化粧品セットで通販に新規参入するのはハードルが高いと考えたほうが良さそうです。

11 健康食品：素材成分の消長とともに拡大する

健康食品市場の規模は、定義にもよりますが5,000億円程度といわれています。1993年からの特定保健食品制度に続き、2015年からは機能性表示食品制度が施行されて市場の拡大が期待されています。通信販売では、サントリーウエルネスの690億円を筆頭に、山田養蜂場・DHC・ファンケル・やずや・世田谷自然食品・健康家族・アサヒ緑健などが健康食品で100億円を超える売上があります（『通販新聞』2015年など）。

健食市場の流れを概観すると、おおまかには素材成分の消長とブランドの活動の組み合わせです。健康食品の素材成分はブームを起こして、ゆっくり、または急激に拡大し、しだいに収束して一部の需要が残ります。近年ブーム

的に成長した・成長している素材成分は、青汁・黒酢・コエンザイムQ10・グルコサミン・酵素・ラクトフェリン・コラーゲン・プラセンタなど。

　素材成分のブームを牽引するなどで成長したブランドは、市場に残って他の素材成分を商材化して生き残りを図ります。DHC・ファンケル・アサヒF&Hなどの品揃えが豊富なタイプのブランドは、ブームに合わせて商材を追加します。

　図表4-3は健康食品の素材成分の利用経験率をヨコ軸に、利用意向率をタテ軸にとってプロットしたものです。青汁・黒酢などは利用経験者が多く、利用意向者はあまり残っていない成熟素材です。プラセンタ・酵素は4％台の利用経験率で利用意向率は4％超とまだ高い。この時点でプラセンタ・酵

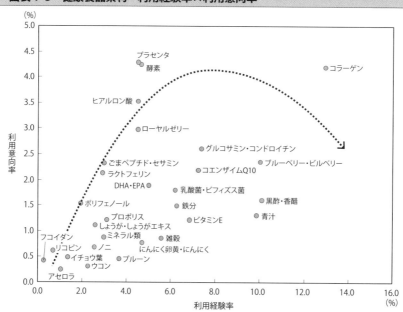

（出所）40代以上女性22,000のサンプル。2015年ADKの調査

素は需要圧力が高い・成長可能性の大きいポジションにある素材成分だといえます。コラーゲンは根強い需要圧力が残ってます。点線の矢印は素材成分ライフサイクルの概念的な経過曲線、利用経験者の少ない段階からしだいに利用意向者を増やしていったのち、利用意向者は利用者に転換して収束していきます。

12 健康食品：ブーム・ライフサイクルに対応するために

さて通販健康食品の商品を設定する際には、このような素材成分のライフサイクルに対するスタンスの選択がなされます。スタンスは大きく3区分できます。a) 成長期素材成分のブームに乗る方法、b) 新しい素材成分の市場創造、c) 成熟期素材成分の市場へのアプローチ、この三つです。それぞれのスタンスのなかでも選択できるマーケティング方針は複数ありますが、代表的なものをあげていきましょう。

a）成長期素材成分のブームに乗る

成長期の素材成分の市場には多数のブランドが参入してきます。ブームに乗っていくらかでも新規顧客が取れれば、あるいは自社の顧客の他ブランドへの流出を防ぎたいという思惑です。そのなかでどうやって市場のイニシアチブをとるか、スピードが大切です。素材成分の成長期には効率良く顧客を獲得できます。できるだけ早い段階で商品を投入しなければなりません。

表現・媒体選択のPDSサイクルの回転を速く進め、刈取り面を早期に広げてシェアを高めたい。ブームはいずれ収束しますが、顧客数を増やしておけばブーム後に確保できる利益を大きくできます。また、"この成分・素材はこのブランド"という認識・印象が根付けばブーム後の新規顧客獲得を優位に進められます。

酵素のブームは2015年段階では峠を越えつつありますが、ブームを牽引した万田発酵は、酵素の代表格として健康食品市場全体のなかでいっそう確固たる位置を占めることになりました。酵素市場に参入した日本盛「植物生まれの酵素」は、新聞・折込チラシ・インフォマーシャルを投入し、積極的に新規顧客を獲得しています。宮崎県都城市のタマチャンショップは「みらいの酵素」を投入、ECモールに売り場を構えて顧客を確保しました。
　素材成分が成長期を終えても利用者は残ります。黒酢・香醋はブームが過ぎた素材成分ですが、その利用者経験者のうち35％は現在も利用を続けて残存しています。典型的なブーム成分だったコエンザイムQ10の利用経験者のうち、現在も使っている残存率は30％、それなりに残っています（2015年ADK調査）。
　新規顧客獲得コストCPOを回収しきって残存した顧客は、高収益の事業基盤となります。成長期の素材成分への取り組みは、当初より残存者利益を狙って積極的な投資を図り、長期収益源となる顧客基盤の形成をめざします。

b) 新しい素材成分の市場を創造する

　一定規模以上の市場のある健康食品の素材成分は、よく知られた効能領域、「周知効能」をもっています。DHA・EPAは認知症防止と血液サラサラ、グルコサミンは関節に効く、乳酸菌・食物繊維は整腸、にんにくは疲労、コラーゲンは美肌に効く、といった関係です。
　健康食品は健康にかかわる諸効能が期待されて購入されますが、その広告は薬事法に抵触しない＝効能を訴求しない表現としなければなりません。しかし多くの素材成分はあらかじめ周知効能があるので効能を明示しない広告でもレスポンスの獲得が可能になっています。
　さて、これを前提にすると、だれも知らない新しい素材成分を売るのはとても困難です。知られていない素材成分は効能が知られていない、消費者が買うべき理由がないからです。薬事法の範囲では効能の説明も難しい。

周知効能のない新規の素材成分があり、十分なエビデンス（臨床での・疫学的な効能の証拠）が揃えられそうであればチャンス、機能性表示食品の取得をめざします。特保に比べれば取得の費用的なハードルも下がっています。

機能性表示が取得できそうな素材成分がない場合はどうするか。周知効能（またはその萌芽）がありながら、その効能に対応する商品がまだ市場に投入されていない素材成分を開発ターゲットとするのは有効な方法の一つです。

カルピスの「アレルケア」は乳酸菌が主訴求素材で、花粉症などのアレルギー・アトピーへの効果が期待されて購入されています。乳酸菌の周知効能はまずは整腸、加えて免疫賦活。整腸をターゲットとした乳酸菌の健食商品は大きなマーケットとなっています。しかし免疫効能に対応する健食市場は活発ではありませんでした。

アレルケアは新聞などでカルピス社のもつ乳酸菌の豊富な免疫エビデンスを生かしたコミュニケーション展開を投入。これにより素材成分−周知効能関係を想起させ、素材成分の潜在的な市場を顕在化して事業を成功に導きました。

食品のスッポンはコラーゲンたっぷりの美肌効果が知られていますが、健康食品素材としては古典的な精力剤のポジションにとどまっていました。生活総合サービス・ていねい通販の「すっぽん小町」は、スッポンの美肌効能を29分インフォマーシャルでじっくり説得。うまく納得させて、年商50億円を超える同社の基幹商品となっています。

高麗人参・おたね人参もまた、周知効能がありながら通販健食市場では対応商品が十分ではなかった例です。高麗人参は漢方の生薬であり、店販のチャネルでも男性活力に対応する古典的な健康食品素材の一つです。ただ精力関連効能は即効性が要求され、リピート性がやや弱いためか通販商材としては大きな成功例が見られませんでした。金氏高麗人参の「神秘の健康力」は男性活力効能と生活習慣・エイジングケア関連の効能を、出稿媒体とリテンション段階でていねいに使い分けて浸透させています。この展開が功を奏

して年率30％で急成長、2015年には80億を超える規模にまで成長してきました。

　まったく周知効能のない新素材成分を定着させるのは（いくつかの導入手法、表現テクニックはありますが）容易ではありません。新しい健食素材のブームを作るために、PR活動でテレビやネットの記事に取り上げてもらうなどの目論見を通販事業者から聞く場合があります。その手法をとるとしても、それなりの時間と投資が必要です。また大手素材メーカーなどが取り組んだケースでも必ずしも成功していません。

　ただし近年でも周知効能のなかった素材成分で成功している商品もあります。ライオンの「ラクトフェリン」は、うまくブームを作りながらブームに乗って新市場を形成できた大きな成功事例です。弘前大学が産学協同で実用化を進めてきた「プロテオグリカン」、カゴメの注力素材「スルフォラファン」などの期待の新成分もあります。独自の新しい素材成分の市場定着を成功させれば、大きな収益が期待できます。市場創造へのチャレンジは、適切な市場導入方針・表現戦略をじっくりと検討して、テストしながら進めていくべきでしょう。

c) 成熟期素材成分の市場にアプローチする

　健食市場の大型素材成分は、コラーゲン・青汁・ベリー・グルコサミン＆コンドロイチン・黒酢（香醋）などです。いずれも数百億円規模のマーケット、その1-2パーセントでも確保できればという意図で多数の参入企業がある、いわゆる"レッドオーシャン"の市場です。

　成熟期の素材は、各社の永い新規顧客獲得活動により潜在需要は薄くなっています。素材成分の新規流入顧客はあまり望めず、ブランドスイッチの顧客を獲得しなければなりません。既存のブランドから引き剥がして自社ブランドの新規顧客として取り込むには、変える理由・きっかけが求められます。

　利用ブランドを変えさせる理由の設定のうち、価格を下げるのは基本の一

つです。お酢の健康食品市場はやずや「香醋」、えがお「黒酢」が二強です。後発ブランドのしまのやは、やずや・えがおの1,600円より1割ほど安い1,450円に価格を設定しています。この価格設定だけなら苦しい。フォロワーの取り柄が低価格だけでは、単に二番煎じ三番煎じの少し安いお酢の健康食品になってしまいます。

　先行するやずやは中国の香醋、えがおは鹿児島福山の黒酢、いずれも伝統感・本物感のある産地・原料です。これに対してしまのやのは産地・原料を沖縄産のもろみ酢と設定しました。先行二強とは異なる価値のある本物で、かつ少し安い。この商品・価格設計の「琉球もろみ酢」をもって新聞・インフォマーシャルで新規顧客を獲得。お酢の健食市場で一定のシェアを占めることに成功しました

　プロポリス・ローヤルゼリーの市場は山田養蜂場の牙城、売上ではトップです。「酵素分解ローヤルゼリーキング」はひと月分7,000円台で定期では6,000円台の高価格帯。ローヤルゼリーは山田養蜂場ブランドのアイデンティティでありその信頼も高いために、この価格が維持できています。対してDHCのローヤルゼリーは1,000円ちょっとの価格です。この価格差ならば、一部の顧客がDHCにシフトするのは避けられません。ただ、これはローヤルゼリーを豊富なクロス商品の一つのアイテムとして設定できるDHCだからできる展開です。

　非価格的に成熟素材成分分野でブランドを切り替えさせるのは、商品自体のブラッシュアップ・差別化です。青汁のマーケットはファンケル・キューサイ・アサヒ緑健など、青汁を中核素材としているブランドが上位を占めています。そのなかでテレビショッピング研究所の「青汁三昧」は飲みやすさを訴求して市場に食い込んできました。

　同社の売り方のスタイルはテレビ番組通販でのまとめ売り。これだとリピート性が心配なのですが、実際に飲むと既存の青汁と比べると甘くて飲み

やすい。味自体の特徴を続けやすくしたために一定のリピートも得られて、後発にもかかわらず利用率シェアの上位を確保しています。これに対抗してかキューサイも山田養蜂場の素材をつかった「はちみつ青汁」をプッシュ、現状は同社青汁の主力商品となっています。

　消費者にとっては大同小異に見えてしまう成熟素材の商品群。そのなかで定着したブランドに対抗するためには、商品自体を中心に媒体・表現・売り方での差別化が必要です。競合商品と商品・売り場設計などを並べて比較して、他ではないこの商品にスイッチする理由があるかを検討して商品設計を進めます。

13　衣料：カタログとEC、古くて新しいカテゴリー

　衣料の通信販売の市場には、二つの大きな流れがあります。総合衣料通販と、近年進んでいるアパレルブランドのECです。

　ニッセン、千趣会、ディノス&セシール、ベルーナは総合衣料通販の大型企業、いずれも年商1,000億円超でニッセンは2,000億円を超えています。ファッションECモールやファストファッションの成長にもかかわらず、消長はありながらも通販市場のなかで大きな存在感を保ってきました。

　これらの企業の資産は、これまでの永い業歴で積み上げてきたリスト。千趣会の会員数は1,200万人、ベルーナは1,300万人。ニッセンの会員は3,000万人を超えており、日本の世帯数5,000万軒の過半をカバーしていることになります。

　その業態の別名は「カタログ通販」、リストのうちアクティブ顧客にカタログを送付します。紙のカタログは手元に置いてデジタルのカタログと比べて全体の見通しがよいのが長所です。めくるうちに雑貨など他カテゴリーのページも開いてもらえる、他商品へのクロス誘導が期待できる媒体です。膨

大なアイテム数のある紙のカタログと受注チャネルとしてのネット、加えて検索性の良いデジタルカタログの組み合わせがこの業態の売上を支えています。

　リスト・MD・インフラ、いずれも一朝一夕にはできない事業資産です。それだけに総合衣料通販の市場は、健食・化粧品市場のような活発な新ブランドの登場は見られませんでした。

　もう一つの衣料通販の流れはアパレルのEC。各アパレルブランドはオムニチャネル化に向けてEC化率を上げています。アーバンリサーチ、シップス、ジャーナルスタンダードなどセレクトショップ系ブランドの売上EC化率は15％を超えて伸び続けています（『繊研新聞』2015年）。EC化の方法はZOZO TOWNをはじめとするECモールへの出店、または自社サイトでの販売です。二つのチャネルの位置づけは下記になります。

・ECモール：モールの販促に依存した店舗を補完するチャネル
・自社サイト：実店舗と連動して相互の波及効果を図るチャネル

　たとえばECモールはファッションビルへの出店、自社サイトは路面店に近いといえるでしょうか。ECモールの店舗はモールの流入客に依存した売り場です。これに対して自社サイトの長所は、モールでは難しいブランド独自のマーケティング施策の投入が可能な点です。実店舗への誘導やポイント連動、シーズンテーマ・ブランド世界観の表現など、店舗とネットをつなぐ施策のシナジーで事業全体を膨らませます。

　アパレルブランドのECモールと自社サイト、いずれのチャネルも実店舗でのブランド資産が前提になっています。確かにECモールではモール内販促のサービスが利用できます。だからといって見たことも聞いたこともないブランドの商品をリコメンドされても買いにくい。モールにおいても基本的には、

リアル店舗で見かけた・知っているブランドの商品が購入されます。

　自社サイトのおもな初回トラフィックはブランド名検索によるものです。これまでの店舗の事業で蓄積したブランド資産をもって顧客をサイトに誘導していることになります。

　モール・自社サイトでのECは衣料通販にとって重視すべきチャネルです。しかし前述のように既存の店舗展開・ブランド資産が必要である事情もあって、リアル店舗なしにECだけで大きな規模になったアパレルブランドは、いまのところはありません。

　このようにカタログ通販とアパレルECは既存の事業資産が拠りどころとなったビジネスです。では衣料通販にとって実店舗での既存ブランド資産、もしくは顧客リストは欠かせない前提条件なのでしょうか。

　そうであれば既存資産のない、新規起業の通販衣料ブランドの立上げは難しいことになってしまいます。

14　衣料：商品の"魅せ場"を媒体に設定して成長する

　「DoCLASSE」は、ここ数年で急成長を遂げた婦人服通販です。このブランドは通販事業に先んじてリアル店舗があるアパレルブランドではありませんでした。ZOZOTOWN・楽天などECモールへの出店に頼ったわけでもない。自社ブランドの商品を自社のサイト・カタログで販売しています。同社は07年の創業から5年で100億円超の年商に到達しています。これはユナイテッドアローズ、オンワード、ワールドなど大手アパレルのEC売上に匹敵する規模です。

　既存のブランド資産がない同社がまず商品を置いた売り場はリアルの媒体、「新聞広告」を販売チャネルの最前線に設定しました。ECが爆発的に拡大するトレンドのなか、DoCLASSEはなぜ新聞広告を選んで成長できたのでしょ

うか。

　アパレルのリアル店舗がECモールに対してもつ優位性は、人的販売による商品提案力、そして売り場VMD（Visual Merchandising）の提案力です。アパレルの店舗はシーズンのメイン商品をいちばん目立つところに展示します。ここに配置する商品は、良く売れる・売りたいというだけでなく、ブランドのエッセンスを表現する商品でなくてはなりません。

　そのブランドの店で買い物をしようと思っていなかった通行人を、商品の魅力で足を止めさせる。流動する前面通行者を店内に誘導し、ブランドの世界に引き込む。メインディッシュ商品の陳列スペースは、いわばブランドの"魅せ場"です。その場所はブランドを知らない、興味のなかった人も商品のビジュアルの力で見込み顧客に転換します。これは現状の衣料カタログ通販、EC通販に欠けがちな機能です。

　特に実店舗で培ったブランド資産がなく、カタログを送る膨大なリストももっていない通販ブランドは、最初は商品の力をもって消費者の欲求を駆動しなければなりません。新規のブランドは、まずは通行人に商品を提示し、その目を留めて購入に導く"魅せ場"が必要なのです。

　DoCLASSEの新聞広告は、この魅せ場です。40・50代女性に、体型を気にせずに楽しんでもらえる服、トレンドを適度に取り入れながら値ごろの価格帯で買えるシーズンの商品1点を、新聞のカラー5段で掲載します。新聞広告はそのブランド・アイテムに興味がなかった人に、プッシュ的に商品を提示できる場所、いわば繁華街路面店のショウウィンドウとして機能します。

　その広告には値札・フリーダイヤルがついていますので、ことに気に入った人はそこで買ってくれる。送付されてくる商品には同社のカタログが同梱されます。買うまでには至らなくとも気になった人は、ブランド名の検索からDoCLASSEの自社サイトにたどり着く。二つの流入経路から、より広い売り場で自社ブランドの商品ラインナップを提示できます。実店舗の"魅せ場"から店内への誘導と同様の仕組みです。

図表4-4　主要通販衣料・雑貨企業売上

(百万円)

	企業名	推定売上
1	ニッセンホールディングス	208,370
2	千趣会	121,851
3	ディノス・セシール	117,379
4	ベルーナ	101,240
5	スクロール	56,569
6	スタートゥデイ	41,182
7	フェリシモ	37,703
8	カタログハウス	26,470
9	ジェイオーディ	25,400
10	はぴねすくらぶ（メディア・プライス）	23,000
11	ニトリ	15,500
12	ライフサポート	12,243
13	DoCLASSE	12,000
14	オットージャパン	11,105
15	全国通販	11,000
16	いきいき	10,417
17	ピーチ・ジョン	6,713
18	ワコールホールディングス	5,270
19	ジェイシークリエイティヴ	4,500
20	ヤーマン	4,027
21	エディー・バウアー・ジャパン	2,700

(出所)『通販新聞』2015年より作成

　既存アパレルブランドではないDoCLASSEが、通販で成功できた理由の一つは新聞広告を活用したから。ブランドに興味のない人に商品を提示して顧客として引き込めた点にあると考えられます。

既存の衣料通販、カタログ通販のブランドであるニッセン、ベルメゾンなどはそのブランドのもとに平場とサブブランド、テイスト・オケージョン・ターゲットにあわせたいくつかの商品ラインを抱えています。そういう意味では、総合衣料通販のブランドはSCやファッションビルと同様に、特色ある多くの店舗ブランドをくくる"館"ブランドの役割を果たしています。"館"型のブランドは多数のMDラインを包括できるメリットがありますが、その反面で消費者の欲求を駆動する肝心の個々の商品が見えにくいという難点があります。

商品を魅せる場所の設定は、新規の通販アパレルブランド・伸び悩む通販衣料ブランドにとって事業成長のカギになるかもしれません。さらなる成長のためには、新聞やテレビインフォマーシャル、ネットのインストリーム動画広告など衣料商品とそのブランドの魅力をプッシュ的に提示できる媒体での、商品露出＆レスポンス獲得の展開が検討できます。

15　食品：大きな成長可能性

従来、食品は通信販売の市場では主要なカテゴリーではありませんでした。もちろん伝統的なお取り寄せや産直の商品はありましたが、前章で説明した客単価の問題で大きな商売になりにくかったのです。通販は、衣料・化粧品・健康食品が主流、食品は商売になりにくい。これが常識でした。

しかしここ数年、食品通販は活況を呈しています。調理の手間を省くそうざい、お店では見かけないおいしいもの、重量のある飲料など。

オイシックスやワタミのタクショクは宅配の食材・弁当、財宝の「財宝水」、アマノのフリーズドライ味噌汁など、テレビインフォマーシャルや新聞・チラシで食品通販の出稿を見かけない日はありません。食品通販は今後さらに拡大が期待できる、その理由を四つあげましょう。

a）シズルを表現しやすい

　食品は、五感に訴える商品の魅力・シズルを表現しやすいカテゴリーです。茅乃舎だしの新聞広告はシンプルな「大根のだし煮」を大きな写真で、アマノフーズのCM・チラシでは「なすと油揚げの味噌汁」が見るものの注目を誘います。商品説明を縷々述べなくとも、ビジュアル一つで商品の魅力を直感的に伝えられる。これは食品通販の優位点です。

　広告にタレント・キャラクターを起用する場合、数千万円の費用をかけて契約します。武井咲・広瀬すず・福山雅治は、その価値がある、人目をひく、商品の魅力を伝えられる表現要素です。メーカーの売込みには興味がないが、菅野美穂・ドラえもんには好感をもっている。そういう視聴者の気持ちを商品ブランドに直接に誘導できます。タレント・キャラクターは、CMでうまく使えば価格に見合う以上の注目・購入意向喚起・販促効果があると市場で認められています。

　「おいしいもの」には誰もが興味があります。だしをたっぷり吸った大根・湯気を立てる味噌汁は強いコンテンツ、数千万円で契約する人気タレントと同様の魅力があります。見るものに商品の魅力をストレートに伝え、媒体接触のその瞬間に欲求を喚起できる。「おいしそう！」と思った気持ちを、その場で注文につなげる。食品は通信販売に適した商材です。

　それだけに訴求するシズルカット・メインメニューの選定は大切です。食品通販会社は、商品の独自のおいしさをどのように伝えるか、工夫を凝らしています。

b）サイフが大きい

　通販の主要カテゴリーである健康食品の世帯あたり平均支出月額は1,113円、化粧品は2,185円。この額を店販および通信販売の各ブランドが競いあって獲得します。

　これに対して食品への支出は66,065円でケタ違い、健食・化粧品の60

図表4-5　食品・健康食品・化粧品の世帯あたり月支出額

食品の消費額は健康食品の60倍　　　　　　　　　　（円）

品目	月平均支出額
食料	66,065
めん類	1,191
調味料	2,473
菓子	5,688
調理食品	8,126
飲料	3,772
外食	13,752
健康保持用摂取品	1,113
化粧品	2,185

（注）家計調査品目別支出金額、2014年（総世帯）

倍・30倍の市場です。通販のターゲットとなりそうな各品目も菓子5,688円、飲料3,772円など。取り込める可能性のある外食も月額13,752円のワクがある。食品通販は、この大きなサイフからの支出を獲得していきます。

c）効率よく顧客を獲得しやすい

前章で示したように新規顧客の獲得費用・CPOは、初回売上を上回るのが普通です。たとえば化粧品サンプル1,000円のトライアルを獲得するCPRが8,000円、3,000円程度の健食の本品購入者獲得のCPOが12,000円、初回購入額に対して5倍・12倍のコストをかけて、顧客を獲得するという調子です。

ところが食品の場合は初回3,000円の商品の顧客が、うまくするとCPO3,000円でとれたりする。MR（Media Ration・初回売上対媒体費比）80-100％もありえる（特に良い場合です）。他の通販商品カテゴリーよりも食品の獲得効率が良いのは、a)-b)で述べた理由に由来します。そういう意

味では食品は通販で特に売りやすい商品カテゴリーといえます。
　この特徴を生かして、健康食品の世田谷自然食品や山田養蜂場が食品カテゴリーでの新規顧客獲得を実施しています。

d) ターゲットになる高齢者世帯が増加していく

　食品通販の主ターゲットは高齢者。一人か二人暮らしで調理・買い物の負担が大きくなって来た年代です。

　"買い物弱者"は、近隣商店街の衰退につれてクルマのない高齢者が食料品売り場へのアクセスが難しくなってきた現状を反映して生まれたことば。それほどではなくとも日々の買い物は面倒、ミネラルウォーターなどの重量物は買いにくい。食品通販が役立てる場面です。

　食の細い高齢者世帯がスーパーで食材を買って肉ジャガを作るとして、鍋いっぱいの肉ジャガを何日かかけて食べていかなければなりません。「1日に30食品を目標に」という健康指針がありましたが、そんなに食材を買ったら余らせてしまいます。高齢者世帯で食品を余らせないためには食事のメニュー数、食材の数はどうしても減ってしまいます。

　弁当宅配のタクショクは「食のムダを省く」というスローガンを掲げています。食品通販の役割の一つは、まさしくこの点にあります。そうざい・弁当を届ける食品通販は、少人数の高齢者世帯の食卓のメニューの彩りを増やしながら食材のムダを抑えます。また「ムダを省く」という訴求は、家庭での調理済み商品購入への逡巡「ぜいたく」感を回避し、さらに手抜きへの言い訳を与えて購入に誘導する効果もあります。

　高齢者世帯は今後さらに増えていきます。買い物・調理の負担軽減・健康的で楽しいメニュー、高齢者のふだんの食事をささえる役割が通信販売に求められています。

16 食品：立ちはだかる困難

　食品は通販に向かない、商売になりにくい、そういった従来の常識には根拠がないわけではありません。事業の採算性・成長性にかかわる、次のような困難を食品通販は抱えています。

a) 商品原価率が高い

　化粧品・健食の商品原価率は一般に10-20％程度に設定されており、仕入れ商品でも30％を上回ることは避けたい。しかし食品は比較的に値ごろが明確なカテゴリーです。また店販市場で食品の価格を引き上げるプレイヤーが少ないせいもあり、食品通販の原価率は50％近くになってしまいます。

b) リピート率に難がある

　化粧品・健康食品の場合はその特性上、商品に望まれる結果がすぐさま表れません。消費者の側もある程度は期間がかかるだろうと覚悟しています。だから新規顧客にも数ヶ月間の利用を期待できる、2回目購入率30-40％を目標にできます。

　食品は結論がもっと早く出てしまいます。届いた商品を食べてみて、口に合わない・価格に見合わないと評価されれば、がまんして付き合う理由は誰にもありませんから次回の購入はありません。見切りの早い1回限りの顧客が多く出てしまう。食品は他カテゴリーよりもリピート率が低くなる傾向があります。

c) 調達・在庫リスクがある

　大量生産で安定供給できる食品は、すでに店で売られていますので通販に向きません。産地の珍しいくだもの、特別に工夫した加工食品は付加価値が

高く販売できる点では通販向けです。ただその特性から生産量の拡大・安定供給が難しい特性をもっています。売れているからといって発注しても供給を増やせない、予定した供給量に間に合わない。在庫を多めにもてば、健食・化粧品よりも切実な消費期限のリスクを抱えることになる。倉庫・配送の温度管理にも留意しなければなりません。

17　食品：陥穽を超えて客単価を積み上げる

　原価率とリピート率の点からくる食品通販の採算性の問題に関しては、各社で客単価を上げていく対策がとられています。

　まず提供する商品自体の設計で対応します。アマノや永谷園のフリーズドライ味噌汁は珍しい商品ではなく日常的な食品です。茅乃舎だしや、第2章で紹介した三陸おのやの魚そうざいも同様。ふだん食べるものだけに、1回消費あたりの価格はそう高くはできない。しかし1万円の高い商品単価で年1回限りの購入よりも、1日単価200円の月20回消費で4,000円、これを毎月買ってもらったほうが年客単価は高くなります。

　ギフトや珍味・ハレの日用の利用頻度の低い食品でなく、毎日食べる商品頻度の高い食品、飽きないおいしさを提供すれば客単価を向上させていけます。

　客単価を上げる基本施策の一つが定期購入への誘導。ベルーナは食品通販で約120億円を売り上げていますが、そのエースは30億円を売るワインの頒布会、月々2,980円からのコースで月替わりのワインセットを送付します。熊本の大嶌屋などは、果物通販で旬をつないで毎月お届けするコースを設定しています。

　前述のワタミタクショクが届けているのは1食580円の弁当。単位あたり価格は低いのですが週単価は2,900円です。一食単位でなく最低1週間分5

図表4-6 主要通販食品ブランドと推定売上（2014年）

(百万円)

カテゴリー	ブランド・企業	通販主力商品	推定食品売上
宅配弁当	ワタミフードシステムズ「ワタミの宅食」	弁当宅配	42,800
	日清医療食品「食宅便」	弁当宅配	—
食材宅配	らでぃっしゅぼーや	野菜	20,849
	オイシックス	野菜	18,000
	大地を守る会	野菜	11,555
菓子	大麦工房ロア	大麦ダクワーズ	3,000
	ロイズコンフェクト	チョコレート	1,000
	六花亭	クッキー	—
	ルタオ	チーズケーキ	—
	芋屋金次郎	芋けんぴ	—
飲料・茶	財宝	ミネラルウォーター	17,000
	カゴメ「毎日飲む野菜」	野菜飲料	6,300
	サンスター「健康道場」	野菜飲料	—
	市川園	茶	5,200
	宇治田原製茶場	茶	5,000
	佐藤園	茶	3,400
1次産品・副菜	山田養蜂場	しょうがはちみつ漬	5,000
	エバーイノベーション「かに親分」	かに	1,600
	神内ファーム21「神内和牛」	精肉	1,300
	梅翁園	梅干	1,200
	大嶌屋	果物など	1,000
	ケフィア事業振興会	市田柿	800
	大江ノ郷自然牧場	鶏卵	—
惣菜	ベルーナ	惣菜頒布会・ワイン	12,000
	双和食品工業「餃子の王国」	チルド餃子	1,300
	小野食品「三陸おのや」	魚惣菜頒布会	1,100
	ダイマツ「松乃江」	魚惣菜	500
調味料	久原本家食品「茅乃舎だし」	だしパック・調味料	8,000
	井上誠耕園	オリーブオイル	2,000
	常盤商事「べんりで酢」	食酢	1,000
	一番食品	液体つゆ	500
主食・麺・汁	天野実業	即席みそ汁	3,400
	はぴねすくらぶ	ぞうすい	2,000
	世田谷自然食品	即席みそ汁	1,000
	オカベ「オカベの麺」	乾麺	800
	永谷園	即席みそ汁	—
コーヒー	ネスレ日本「ネスカフェバリスタ」	コーヒー・コーヒーマシン	—
	ブルックス	ドリップバッグ式コーヒー	8,200
	片岡物産「カフェミオ」	ドリップバッグ式コーヒー	1,500
	カフェーパウリスタ	ドリップコーヒー	1,500
	土居珈琲	ドリップコーヒー	20

(注) 売上は推定
(出所) 業界紙誌などより作成

食単位で受注し、月次の前払い設定などで習慣購買に誘導します。年間52週届ければ、15万円を超える高い年客単価になります。

　クロス商品の提案もまた客単価向上に役立つ基本施策。強いブランドをもつ通販企業はその世界観に基づくMDを充実させ、DMなどでクロス商品を提案し受注を獲得しています。

　北海道菓子の代表格である六花亭の月刊カタログ「おやつ屋さん」は月ごと季節ごとの企画と美しいデザインの六花亭"らしさ"のある表現で顧客を再注文へと誘導しています。

　消費頻度の高い日常消費型の食品、定期・頒布が可能な商品企画、クロスMDの提案。これらを通じてリピート率・2回目以降購入率を上げ、食品通販は高原価率に耐えうる客単価を形成できます。また定期顧客が増えていけば、受注量の先行きの見通しが立てやすくなり、計画的・安定的な生産・調達の対応が可能です。

　これらの対策により前節で示した食品通販の困難を超えて、成長していく通販ブランドは増えています。

第5章
［ブランド開発］
ブランドに逃げない・
ブランドから逃げない

　通販の広告はレスポンスを得るための広告。だから商品の販売に専念すべしし、売るためにはなりふり構っていられない。通販コミュニケーションを開発する側はそう思いがち。そこから抜け落ちてしまうのが「ブランド」の視点です。

　「うちはブランドをいう段階・環境じゃない」。それは誤った先入観です。ブランドは大手メーカーだけのものではありません。どんな小さな通販事業でもブランド視点は必要です。

　事業当初からブランドづくりをはっきりと意識したコミュニケーションをとったおかげで立上げに成功し、成長した通販事業もあります。

　ブランドはレスポンス効率を改善し、客単価を増加させて事業の継続と成長に役立つ。これからの通販事業はスタート時点から明確にブランド視点を導入すべきでしょう。

　ただブランドについては、通販会社も広告会社でさえも、きちんとした理解が不足している傾向があります。本章では、通販事業がブランド開発にどのように取り組んでいくべきか検討します。まずはブランドとは何か、その概念に対する誤解を解くところからはじめましょう。

01 ブランドとはなにか、記憶・文脈化・志向性

　ブランドは高級品にだけくっついているものではありません。すなわちイメージ・印象、あるいはストーリー・伝説でもなく提供者の顔や風景でもありません。商品特性・スペックとは次元の違う何ものかでもない。VIやパッケージデザインもその要素ですが、ブランドそのものとはいえません。

　ではブランドとは何か。さまざまに難しい言われ方がなされていますが、散文的にいうと、ブランドとはそのマーク・呼称について、知っている、印象がある、利用した経験がある、消費者が覚えていることがらのすべてです。マーク・呼称に付随する固有の認識・印象・経験の記憶の総体、記憶された要素全体が「ブランド」です。

　ネガティブなブランドの記憶要素もありますが、おおむね価値のあるポジティブな側面が「ブランド」と呼ばれます。強いブランドといわれる花王、トヨタ、ヤマト運輸、セブン-イレブンなどは、消費者にポジティブな記憶を豊富に蓄積しています。

　またブランドについての内容・要素は文脈化されて記憶されており、そのブランド"らしさ"・世界観としてまとまりを作ります。消費者のアタマのなかでブランドに対する記憶が一つのハコに入っていて中身の要素が関連付けて整理されている、そう言えばわかりやすいでしょうか。マーク・呼称に接触した消費者に、アタマのなかで芋づる式に多くのポジティブな記憶要素・印象を想起させるブランドは強いブランドです。

　そのブランドは商売でどう役に立つか。ブランドについての記憶は、消費者の志向性、価値評価や態度になって現れます。志向性はいくつかの指標で把握できます。そのブランドに対する好感・共感・ロイヤリティ・信頼・推奨意向など。

　志向性のなかでも最重要なのは購入意向、買いたいという気持ちです。商

品選択に先立って蓄積された記憶で、そのブランドの商品を買いたい気持ち・欲求をもたせておく、それがブランドの基本的な役割です。

たとえばスキンケア化粧品の「SK-Ⅱ」についてはそのマーク・呼称に付随して、桃井かおり・ピテラ・エイジングケア・エンジ色・値段が高い・品質が良い・効果があるなどの認識・印象が消費者の記憶にある。その記憶に由来して、信頼する・それを使う人でありたい、そして機会があったら購入したいなどの志向性が持たれています。

紳士服小売の「洋服の青山」には、安い・安いわりに物がいい・売上ナンバーワン・青い看板・「洋服の青山〜♪」・三浦友和・エグザイルなどの記憶があります。それらを基盤に、次は青山がいいかも・ボーナスが出たら青山の店を見てみようなどの志向性が発生します。

SK-Ⅱと洋服の青山、カテゴリーは異なりますが、いずれも強いブランドです。そういう強いブランドと、弱いブランドの売り場が並んでいれば同じ価格なら強いブランドが買われます。あの特徴があると聞いた、いい感じのする、この前使って良かった、この商品をとりわけ選んで買おう。そのようにブランドは選ばれます。

図表5-1は、30個のスキンケアブランドの現在利用率と利用意向率を示したものです。使っている人に比べて使いたい人がはるかに多い、左上のほうに位置するSK-Ⅱ・アスタリフト・再春館製薬所は、他ブランドよりも強い需要圧力があります。このポジションにあれば他ブランドよりも優位に市場展開を進めることができます。

形成されたブランド、ブランドの記憶は、マーケティング主体にとって有用な資産です。そしてブランドは与件ではなく、創られていく、創りうるもの。ブランドを創るのはコミュニケーション＆商品と消費者の接触機会です。ブランド形成に十分に留意されて設計された広告や売り場・消費体験で、良い記憶・経験を残していくことで、ポジティブなブランドの記憶が厚く形成されていきます。

図表 5-1　スキンケアブランド・利用経験率×利用意向率

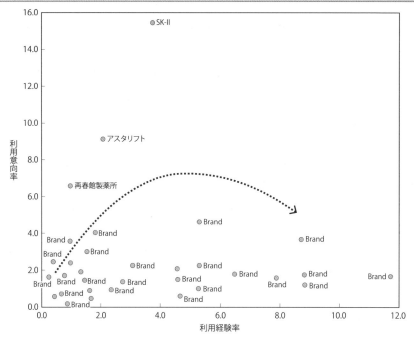

（出所）30代以上女性28,000のサンプル。2015年ADKの調査

02　通販事業に貢献するブランド

　ではブランドは通販事業でどのような役割を果たすのか。ターゲットとなる層と既存顧客に良い記憶を厚く蓄積しているブランドは、通販事業でどんな優位性をもつのでしょうか。

a）顧客獲得を優位に進める・価格を維持する
　前節のグラフで良いポジションにあるアスタリフト・再春館製薬所は、「い

まは使っていないが、そのブランドの商品を欲しい」と思う人が多い、強いブランドです。

　こういうブランドは他よりも新規顧客の獲得、レスポンス効率で有利です。アスタリフトと他のスキンケアブランドの新聞広告が同日に出稿されたなら、より注目されるのはどちらか、欲しいブランドであるアスタリフトのほうが注目されます。顧客転換の時点でも値引きを設定しないでも売りやすい、高い価格を設定できる、値引きすればより売れる。これは「ブランド」の基本機能に由来します。

b) リピートを促進する

　一般に通販ブランドの場合は、それを購入・使用することでステイタスとなる誇示的な消費の志向性にまで至らしめるのは容易ではありません。ただ自己規定の役割を果たすブランドのポジションはめざせます。他ではない、そのブランドを使う私として、消費者のアイデンティティの一部を形成する通販ブランドになることは可能です。

　他ではないファンケルを使うナチュラルな私、野菜宅配の大地を利用する社会的な私、ピーチ・ジョンのランジェリーを着けるセクシーな私、ゆず飲料の「ごっくん馬路村」を買って馬路村を第二のふるさとのように想う私など。そういう私でありたい、あり続けたい。これら顧客のアイデンティティ要素となるタイプのブランドは、ポイントや値引きのコストをあまりかけずに継続購入へと導けます。

　アイデンティティとまで大げさにしなくとも、そのブランドについて好き・身近に感じる・共感を持つなどの志向性を形成できれば、記憶要素の薄い・弱いブランドよりもリピートは各段に有利になります。

c) クロス商品を拡大する・クロス購入率を上げる

　付随する記憶を豊富に持つ強いブランドは、既存顧客に提案するクロス商

品の販売でも有利です。

　雑貨中心のカタログ通販のカタログハウスは、ちょっと面白い商品を提案する・環境保護や社会活動に熱心な・個性的なブランドとして認識されています。同社のカタログ「通販生活」が届けられた既存顧客は、カタログハウスの商品ならばどこか見所があるだろう、きちんとした商品だろうという態度で接触、購買行動を行うことになります。

　記憶された内容が薄い、弱いブランドだとクロスの商品開発もあてずっぽうになりますし、文脈のない散発的なバラバラの商品提案がなされても顧客には受け入れ難いものになります。

　強いブランドは、そのブランドについて記憶されている"らしさ"の文脈・世界観に沿ってMDラインを拡大しやすい。また、既存顧客もあらかじめ商品提案を受け入れる構えでいるために売りやすくなります。ブランドの力で、クロス購入率の向上が得られます。

d) 新商品を開発する・市場に導入する

　新規顧客を獲得する主力商品も、市場の成熟を迎えれば獲得効率は低下していきます。いずれ新商品は投入しなければなりません。その段になると強いブランドはがぜん役割を果たします。

　2015年に再春館製薬所から発売された「長白仙参」は基礎化粧品と医薬品「痛散湯」が中心の同社にとって久々の大型商品。ロコモティブ症候群対応の健康食品です。主力のドモホルンリンクルとは販売対象層が重なるだけではありません。漢方の植物素材・年齢の悩みを解消したいとする提供者の信条など多くの共通点をもっています。基礎化粧品の「年齢肌」に対応する「年齢筋力」ということばも設定して連動。

　長白仙参は再春館がこれまで蓄積してきたブランド、記憶要素と文脈に沿った新商品として設計されています。再春館らしい商品だから消費者は信用して、ムリなく受け入れられる。基礎化粧品で喚起している購買欲求を新

商品に対しても動員できる。その後の出稿頻度などから見て、実際に同商品は好調なスタートを切ったもようです。

このように、ブランドの果たす役割ははっきりとしています。ブランドは、中長期的にだけでなく即時的にも通販事業の収益に貢献するものです。

03 ブランドを魔術から解放する

前節では、通販事業の収益拡大・成長にブランドが貢献すると説明しました。それらの役割を承知したうえでも「ブランド」の語を嫌う通販事業者もいます。

ブランドが嫌われる責任は主に広告会社にあります。広告会社が制作した新規顧客獲得の広告表現でレスポンス効率が悪い際に、また売れそうもないときに先回りして「ブランド」は言い訳に使われます。

「ブランド認知がないと売れません」「売れませんでしたがブランド訴求に成功しました」「レスポンス広告じゃなく、ブランド広告をやりましょう」まるで魔法の語のようにブランドは活用されます。広告会社がクライアントを煙に巻く、権威付けながら責任回避するために使うコトバの一つになっています。これにうんざりした事業者が「ブランドに逃げるな」、そう言いたくなるのは当然です。

広告会社・マーケターが権威付けのためにも振り回してきたコトバ、ニューメディア・マルチメディア・インタラクティブ・ユビキタス・Web2.0・ビッグデータ・バイラル。これまでさまざまな、それなりに有用な新語が生まれて消えていきました。そのなかでも「ブランド」はもっとも長続きしている魔法のコトバです。

広告会社がレスポンスの責任を回避するためにブランドに逃げる、通販事業者はそれに嫌気がさしてブランドから逃げる。通販事業にとって、とても

不幸な事態です。健全な通販事業の拡大のためには、その役割をはっきりと認識し、ブランドを資産として形成・活用を進めるべきです。

ブランドの語を言い訳の用法から解き放ち、通販事業に有用なブランドを形成する。そのために必要ないくつかの留意点を示していきます。

04 ブランドはイメージ広告で作るのではない

まず、ブランド形成はすなわちブランド広告の実施ではありません。

通販業界ではブランド形成というと、いわゆるブランド広告をしなければならないと考えられがちです。そこで想定されている広告は、レスポンスを取らないだけでなく、商品の属性・便益をも訴求しない企業イメージ広告のようなもの。ブランド形成のために直接に購買に貢献しないブランド広告・イメージ広告を実施する、それは誤解です。

本章の01で見たようにブランドとはブランドに関する記憶要素のこと、提供商品のスペック・効能はその主要な要素です。イメージ訴求でなく、当該ブランド商品のUSPや効能を訴求して消費者の欲求を喚起する広告表現は、ブランド形成の役割を果たします。

サントリーウエルネス・世田谷自然食品などのメディアミックス展開で投入されている15秒のテレビCMはフリーダイヤル読み上げがなく、その場でのレスポンス効率が期待されるものではありません。しかしその表現は企業イメージ広告ではなく、セサミン・グルコサミンの商品特性・便益をしっかり伝えます。それらのテレビCMは接触者を購買に誘導しながら、同時にブランドに関する記憶の蓄積をなしています。

カタログハウスの「通販生活」、山田養蜂場が健食会員に送る「健やかに」、各通販化粧品の月刊会報誌などは、そのブランド"らしさ"の文脈のなかで商品便益を訴求して商品を売り、かつブランドを形成しています。六花亭の月

刊カタログ「おやつ屋さん」が届いた顧客は六花亭とその商品のさまざまな側面を知り、ブランドへのロイヤリティを高めます。リピート・クロス販売のリテンションツールもブランド形成のチャネルです。

　ブランド形成のためにイメージ広告をやるのも間違いですし、イメージ広告はムダだからブランドは作らないというのも誤解です。顧客とのすべての接触機会で、商品特性・効能も含めたそのブランドらしいコミュニケーションをおこなうことで強いブランド、事業収益に貢献するブランドは形成されます。

05　レスポンスとブランド形成は二律背反ではない

　通販の広告はレスポンス広告だから、ブランド形成とかかわらない、かかわってはならないという主張も聞かれます。レスポンス広告は何よりレスポンスが目標であるから、ブランド表現要素は不要だという考え方です。

　レスポンス広告は、フリーダイヤル・ハガキ・注文ボタンのついた広告。顧客からの受注を直接に獲得し、その効率はCPOで評価されます。通販会社の投入する広告は、基本的にほとんどが新規顧客獲得のレスポンス広告です。

　確かに通販の新規顧客獲得広告の表現は、ブランド"らしさ"のない要素も入れなければなりません。商品を買ってもらうためにPOP・プライスカードの役割を果たす要素までも広告に入っているのですから、ブランドの文脈から外れた要素も入ってくる。

　ただ、それは単にブランド要素のみが売るための手法ではないというだけの話です。ブランド訴求要素を排除しなければならないという理由にはなりません。ブランドとレスポンスは二律背反のものではない、そもそもがブランドは、商品を売る目的で形成されるのですから。

　実際に売るために有用なブランド要素はレスポンス広告で使われます。典

型的にはアスタリフトなら赤のブランドカラー、大正製薬の健康食品なら鷲のマークがレスポンス広告に必ず入ります。提示されたブランド要素はその場での購買誘導に役立ちながら、接触による記憶が蓄積されて次回のレスポンス効率改善につながります。

　ブランドの認知率が低い、すなわち多くの人に事前にブランドの記憶要素のないときのレスポンス広告はどうでしょう。その場合でもブランド訴求要素は顧客獲得効率の向上に貢献できます。

　たとえば久原本家「茅乃舎だし」。出稿状況などを見る限りほぼレスポンス広告のみを投入しています。当初から続く広告表現は、商品へのこだわり・開発秘話・提供者の想いなどブランドの世界観を豊富に表現したもの。そのようなブランドを訴求するレスポンス広告で顧客を獲得して同社は成長しました。

　同時に、その広告表現で多くの人にブランドの記憶要素を蓄積させ、魅力のある・強い通販ブランドなっています。久原本家は商業施設への出店を進めて店舗と通販をクロスしたオムニチャネル化を進めていますが、それも通販のレスポンス広告で形成したブランドが基盤になっています。

　ブランドの記憶要素が浸透している場合はもちろん、レスポンス広告の接触以前に形成された記憶要素をもたない場合でも、ブランド訴求はレスポンスの獲得・購買誘導に使えます。そこでポジティブな記憶・印象を残しておけば、次回の購入につながる。その商品を欲しいと志向するブランドの潜在顧客を形成していけます。

　再春館製薬所などいくつかの通販ブランドはレスポンスの獲得を目標としないブランド広告を投入しています。その場合でもはるかに大きなコミュニケーション量が顧客獲得のための広告に投入されます。その量によって消費者のブランド記憶の形成を主導するレスポンス広告は、ブランド視点での設計が必要です。

　レスポンス広告の接触者のうち商品を購入して顧客にコンバージョンされ

るのは0.1％以下、ほんのわずかです。99.9％の接触者は広告を見ても買わない。その99.9％に何も残さないのは大損です。レスポンス広告に記憶させるブランド要素を入れておけば、せっかくの接触機会をムダにせず将来顧客の育成に役立てることができます。

06 知られていないことはすなわちハンディにならない

「あの商品は有名だから売れる」「この商品はブランド認知がないからレスポンス広告を投入しても売れない」そういう言い方は通販事業者からも、広告会社などの外部企業の側からも聞きます。もちろんそのような事態はあります。間違いとはいえません。しかし二つの理由から直ちには首肯しかねます。

通販事業にブランドは役立つと説明してきました。ブランドに関してポジティブな記憶が消費者にあれば、記憶がない場合と比べて確かに売りやすくなる。そういう意味では冒頭の判断は正解です。

ただし留意が必要です。ブランドはマーケティング活動の与件ではなく、コミュニケーションで作っていくもの。有名だから売れると指摘されているその商品の強いブランドは、誰かにもらったもの・天下り的に始原からあったものではありません。それは事業主体が設計し、自社のコミュニケーションと商品によって形成してきたものです。

ブランド認知の低さを商品が売れない言い訳に使うのならば事業の成長は望めません。ブランドの蓄積が十分でないのなら、投入するコミュニケーションで強いブランドへと育成する。それが正しい対応です。

またブランドの認知率が高いからといって必ず商売に有利なわけではありません。ブランドの認知率と、ブランドの訴求要素・記憶されている内容は次元が異なる事項だからです。

井上誠耕園は前述のように香川県の農家、そのブランド認知率は30代以上女性でまだ5％に達していません（2015年ADK調査）。しかし同社の「緑果オリーブオイル」はテレビインフォマーシャル・新聞広告を頻繁に出稿して顧客を獲得するヒット商品になっています。

　家庭用食用油で大手のナショナルブランドもオリーブオイル商品を通販で売っていますが、現状ではそれほど結果が出ていないもようです。また店舗販売のオリーブオイルは400-500gで600円程度ですが、「緑果」は180gで1,800円の高価格を維持できています。

　小豆島のオリーブ農家がこだわりのある希少なオリーブ商品を届けてくれる。聞いたことがないブランドだけど、なんか良さそう。レスポンス広告で訴求された魅力的なブランドと商品が、見る者にその場で伝わって新規顧客の獲得効率と高い価格を支えます。

　商品の希少性という観点では、逆に認知率の高さのほうがむしろハンディになります。スーパーのグロサリーでよく見かける・なじみのある有名ブランドの商品はスーパーで買うもの、見たこともないブランドがわざわざ届けてくれるのは珍しい貴重な商品と把握されます。

　井上誠耕園はブランド認知率が低いにもかかわらず、競合ナショナルブランドに対して優位に商売ができている。この事実は、強い魅力のあるブランドを構成して表現すれば「無名でも売れる」場合があるという証左です。

　事業の立上げ時にはブランド認知はありません。確かにそれは必ずしも有利な条件ではありません。しかし知られていないのならばブランドをこれから作っていけばいい。また魅力あるブランドを構成してレスポンス広告で訴求すれば、認知の高いブランドよりも売れる可能性があります。

07 レスポンスとブランドの"相克性"を超える

「ブランド欠乏症」は魔術的なブランドの用法を厭うあまり、ブランド形成を放棄した通販事業が抱えるリスクです。各コミュニケーションツールでのブランドの共通要素の不在・アイデンティティによる統御の欠如に起因して発症します。

レスポンス広告・リテンションツールなどの顧客接点の各表現でアイデンティティの統御がなければ、異なるトーン、文脈を離れた要素が乱発される無秩序な、"多重人格化"した状態となります。

"らしさ"の文脈のないコミュニケーションは、いくら接触を繰り返してもブランドの記憶が十分に蓄積されません。「そういえば名前だけは聞いたことがあるような」人格を欠いた無個性な通販ブランドになっていきます。

指標でいえばブランド認知率はあまり向上せず、購入意向は高まらない。市場で見ると潜在需要がさっぱり形成されないために、競合する強いブランドにアドバンテージをとられたままでレスポンスを競っていかなければなりません。

アイデンティティのない無個性なブランドなら、まだしも救われます。表現全体が売り場周り由来の"煽り"がちなトーンに占拠される、レスポンスのための表現ギミックを乱発してしまうなどの傾向が強いと、さらに面倒な事態になります。オーバーな表現、いつも大声で脅す、人を怖がらせる、値段の話ばかり熱心。消費者のアタマのなかで、そういうネガティブなブランド像がじわじわと育っていきます。こうなると「近視眼的レスポンス症候群」という感じでしょうか。

本章で取り上げたような強い通販ブランドは、レスポンスを犠牲にしてブランドを形成したのではありません。採算性を度外視してブランド広告を投入したわけでもない。レスポンスを顧みない・採算性を度外視する事業は成

長できません。効率的な顧客獲得のためにこそブランド要素を活用し、レスポンス広告の表現を通じてブランドのポジティブな記憶を蓄積してきたと捉えるべきです。

ブランド欠乏症に陥らず、強い通販ブランドになるためにどうするか。どういうコンセプトを開発・構成し、コミュニケーションで展開していけば良いのか。次には、ブランド一般とは異なる通信販売に特徴的なブランディングのやり方を把握していきます。

08　通販ブランドは人格を志向する

通販専業のブランドはそれぞれに個性がありながら、なにかしら店販ブランドとは異なる特有の、共通した特徴・クセがあるように見えます。ここまで事例に挙げた再春館製薬所・山田養蜂場・茅乃舎の久原本家などは、通販らしい特徴が色濃いブランドです。

これら個性的なブランドは通信販売においては、認知率の高いナショナルブランドに拮抗・凌ぐようなポジションにあります。通販ブランド固有の特徴が強みになって市場で力を発揮しているといえそうです。その通販ブランドの特徴をいくつかあげていきます。

一般にブランドに関して記述する際、その「人格・キャラクター」と表現する場合があります。ブランドの人格化に関して通販ブランドは、その程度が特に強い傾向があります。

通販ブランドの広告では、店販商品の広告表現以上に提供者の顔が登場します。古くはヴァーナルの大田勝前社長、最近では、愛しとーと（HRK）の岩本初恵社長、本書の範囲から外れますが典型はジャパネットたかたの高田明前社長。研究者や製造担当者の集合写真など、集団の顔の例も各社で見られます。三陸おのやのインフォマーシャル・新聞でも三陸のリアス式の入り

江を背景に社長・従業員が並ぶビジュアルは、欠かせないコンテンツになっています。

　また広告コピーにおいて「私たち」という主語をもつのも通販の特徴です。「私たち再春館製薬所は〜」「私たち健康家族は〜」といった具合です。広告に限りません。通販会社からのDMには、提供者の個人からの体裁をとったあいさつ状が入っています。通販ブランドは「顔」を持ち「私」としての語りを大切にします。

　通販の手法・技術は消費者の個人をハダカにします。属性を取得してセグメンテーションで分解、オーディエンスデータで行動を特定、そのお客さまの一人に電子DM・オンデマンド差込印刷の個人名表記で「○○さま、」と親しげに呼びかけてくる。そのメッセージの送り手が、無人格で抽象的なカンバンであって良いのでしょうか。

　通信販売はダイレクトマーケティングの一分野、ワントゥーワンのコミュニケーションを志向します。「お客さま」を抽象的な集合体として捉えないのがワントゥーワンの本義です。であれば一人のお客さまに向かい合う提供者も、抽象的な人格のないブランドであってはなりません。

　商品を手に取れない、店での接触機会がない販売方式である点も人格化を要請します。一人の顧客と同様に人格をもち、向き合って対話することで信頼を得たい。これらの理由から通販ブランドは顔をもち、私として語ります。

09　通販ブランドは商品を売る理由・売り方の理由を説明する

　やずやの香酢はそのテレビCMで「ふつうのお酢なら売らなかった」と主張しました。再春館製薬所はドモホルンリンクルを「初めての方にはお売りできません」と説明し「まずは無料お試しセット」の請求を薦めます。

　なぜその商品を売るのか、なぜ無料なのか。通販のブランドは積極的に商

品を提供する必然性を語り、その売り方をとる理由を熱心に説明します。これもれ店販のブランドにはあまり見られない特徴です。

　そういう訴求に無頓着なほうの通販ブランドであっても、なぜ通信販売で売るのかという説明だけは、ブランドの文脈に組み込まれています。

　百貨店・スーパーなど通常の店舗は売り場として了解されており、来店客はそこに欲しい商品があることを期待しています。これに対してテレビ・新聞などの媒体は、それに接触している視聴者・読者にとって商品を買う売り場ではありません。

　通販ブランドは媒体に店を開きます。視聴者はそこが売り場であることを了解していない場所で、いま買って欲しいと主張するレスポンス広告に遭遇します。しかも販売しているのは、その時点・その場面では必ずしも欲しいと思っていなかった商品。はからずも聞いてしまった説明から商品を欲しくなったとしても、いまここで買うべき理由はありません。

　通販ブランドの側としては、いまこの場での購買に誘導したい。電話・検索・ハガキでのアクセスにどうしても持ち込みたい。そこで、なぜこの商品を・このような方法で売っているのか、そのわけを説明します。読者・視聴者が通販ブランド側の説明に納得してくれれば、購入の動機付けになる。商品提供・売り方の説明は、レスポンス広告の不意打ちにあった視聴者に納得を与えて購買転換を図る役割があります。

　通販での即時の購買を正当化するために通販ブランドは、売る理由・売り方の理由を熱く語ります。

10　通販ブランドは物語をつむぐ

　宮崎県椎葉村で営む一軒の豆腐店、それが私たち盛田屋です。椎葉は柳田國男の民俗誌『後狩詞記』にも記された山深い地。人口3,000人に満たない

小さな山村の豆腐屋が、どうして石鹸の通信販売を始めたのでしょうか——。

年商20億円の基礎化粧品会社、豆腐の盛田屋のブランドストーリーの出だしを整理するとこんな感じです。

同社に限らず通販ブランドは自分の物語を語る傾向があります。レスポンス広告のランディングページや新聞記事広告の多くで商品の「開発秘話」が語られます。山田養蜂場のローヤルゼリー研究は社長のお身内の病気に端を発するというエピソードはよく知られています。美白医薬品を売る富山常備薬には、母のシミを解消したいという想いから始まる物語があります。

提供者ではなく商品の愛用者側で語られる物語もあります。アサヒ緑健の29分番組で紹介されるのは「緑効青汁」で健康を取り戻す市井の人の体験談。野草酵素の新聞広告は、思いもよらない人生の不幸を「野草酵素」の力で乗り越えた物語が掲載されます。

なぜ通販ブランドはストーリーを語るのか。理由の一つには、通販コミュニケーションの情報量の多さがあります。店販商品の代表的なコミュニケーションチャネルであるテレビCMの15秒・30秒の尺に対して、通販のテレビでのコミュニケーションは29分や短くとも60秒。新聞は全面広告の15段が頻繁に使われますし、ランディングページは延々とタテに伸びる。

さらには毎月のようにDM・会報誌を届けて、そこでもブランドからの情報を届ける。通販では、店販ブランドよりも大きい情報量を消費者に伝えています。

通販コミュニケーションの情報量は、ムダに大きいわけではありません。その場で買ってもらう、さらに買い続けてもらうためには伝えるべき情報が多くなってしまうのです。消費者の潜在的な悩みへの気づきの提供から、それを解決する商品のスペック・提供便益・届け手の想い・クロスMDの必然性・今回の値段の理由など、通販ブランドが語るべき内容は尽きません。

物語は、さまざまな要素を文脈化して把握・記憶するのにとても有効なツールです。ストーリーに連なって多数の要素を記憶に閉じ込めておける。覚えた内容を芋づる的に引き出せるのが物語の特性です。本節冒頭の盛田屋

の物語の例では、商品素材・素材の本物感・安全性・希少性・提供者の誠実性、さらには商品効能などが閉じ込められています。

　できるだけ多くの情報を消費者に受け入れさせ、記憶させるために通販ブランドは、"らしさ"の文脈で整理した物語の表現様式を活用しています。

11　通販ブランドは共感形成を重んじる

　消費者の「共感」の獲得は一般的なブランド形成の目標です。ただ通販ブランドは店販の商品ブランドと比べて、特に共感を求める傾向が強い。その原因はやはり客単価要件です。

　消費者に便益・メリットを提供するブランドプロミスを納得せしめれば、まずは当面の購入意向は獲得できます。しかし通販ブランドはそれでは満足しません。反復購入の必要性に対して店販ブランドよりも切実、意識的です。CPOをLTVで回収する通販の事業構造から、獲得した顧客を継続的に購入させなければならない。リピートの永続のために通販ブランドはさまざまな共感形成の手法をとります。

　まず前述の「物語」、通販ブランドは来歴を示しストーリーを語る。物語は提供主体の境遇・苦難・努力・克服などを聞くものに投影させて、共感を形成する役割をも果たしています。

　通販の事業主体は店販ブランドよりも頻繁に「企業姿勢・信条」を表明し、事業・商品の「社会的な意義」について語ります。それらはもちろん事業主体の誠実な問題意識・価値観から発せられるものです。同時にそのメッセージは基本的に消費者メリットに連動して構成されますから、おのずとブランドの信条表明は共感形成に役立ちます。

　通販ブランドは、その主要なコミュニケーション要素として「根拠地・産地風景」を活用します。しばしば表現されるのは日本人の原風景に通じる、

どこか懐かしい景色。都市住民の郷愁を背景に共感は喚起されます。
　そのとき、その商品だけを買いたくさせるのでなく、異なる商品でも時間がたっても、強い購入意向ができるだけ継続するよう「共感」というレベルまでの強い商品・ブランドへの志向性を動員する。通販ブランドは前記のようなブランド要素を活用し、ロイヤリティの高い顧客を形成していきます。

12　ブランドのアイデンティティを表出する開発シート

　ブランドの設計・開発と大仰に言挙げしなくとも、健全に成長している幸せな通販事業ならば、通販ブランドの語る内容や話し方はおのずと定まっていくものです。初期段階の新規顧客獲得広告やリテンションツールの表現などから自然発生的にそのブランド"らしさ"の文脈がつむがれ、接触した消費者にその記憶が蓄積していきます。
　ただ事業の立上げ時には、また事業成長がうまくいかない際にはブランドについて振り返ってみるべきです。
　ブランドの開発・ブランディングは前述の自然発生も含めて、さまざまな手法がありえます。ブランドコンサルタントや広告会社にそれを依頼すれば、シンボルマーク・パッケージなどのVIやタグラインを開発ターゲットにプロジェクトを組んで進めます。そういうやり方だと大規模なものになりますが、ここでは通販ブランドのアイデンティティを開発する一つの実践的な方法を説明します。
　まずブランドの中身、消費者に記憶してもらう要素とその文脈の設計です。要素は、提供する商品・商品特徴・事業主体の属性や信念・商品のターゲットなどから、他にない特徴を選んで構成していきます。そういった作業を担務する際、筆者は図表5-2のような通販ブランドのためのコンセプト開発シートを使用しています。

図表5-2　通販ブランドコンセプト開発シート

01. ブランド定義	私たちは何者か。店か生産者か他の何なのか。
02. 事業領域	私たちは何をするのか（しないのか）。なぜそうなのか。
03. 商品・品揃え	はじめに何を売るのか。どの範囲の商品を扱うのか（扱わないか）。
04. 商品特性・優位性の源泉	私たちの商品のどこが優れているのか。買うべき理由は何か。
05. 主使用素材・原料	何をつかって商品をつくるのか。どんな素材に執着しているのか。
06. 製法・開発・製造方針	どうやって商品をつくるのか。どういうスタンスで商品をつくるのか。
07. お客様・お客様への思い	どんなお客様に届けるのか。なぜそのお客様に届けたいのか。
08. アフターイメージ	私たちはお客様にどうあって欲しいのか（どうあって欲しくないのか）。
09. 信条・姿勢・社会的意義	私たちはどういう姿勢で事業にあたるか。社会的な存在意義は何か。
10. 起業・事業動機・来歴	どんな意思・来歴で（困難を越えて）私たちはこのようになったのか。
11. 根拠地・根拠地風景	どこから商品をお届けするのか。どんな風景のなかにいるのか。
12. 信頼性保障	私たちのメッセージが信じられる証拠・根拠・保証は何か。
13. "敵"の設定	私たち（とお客さま）は何に立ち向かうのか。どんな障害があるのか。
14. ブランドの人格表現	私たちはどんな"顔"か。性格は。ムリがないよう「人となり」を説明する。
15. 話法	私たちはどのように語るのか。具体的に文章にする。声色を想定する。
16. エビデンス・実績	私たちの誇れるものは何か。どう評価されてきたのか。
17. シンボル・アイコン・色	私たちの目じるしは何か。他と見分ける特徴は。どんな色、色調か。
18. 販売方法・通販の必然性	なぜ店ではなく、わざわざ通信販売で届けるのか。
19. コア記憶要素	お客様の記憶に残すべき特徴・属性・要素は何か、一つ、二つまで。
20. 形成印象	私たちが紹介される際、どんな「人となり」と説明されたいか。一言で。

　開発シートの各項目は文章やビジュアル要素で埋めていきます。書けるところから書いていって、一つが長くなってもかまいませんし、埋められない項目があっても大丈夫。企画担当者の一人ではなく、事業の各関係者に書いていただいたうえで、一つのシートに統合することをお勧めします。

　コンセプト開発シートの項目は提供商品・事業環境によってカスタマイズできます。健康食品なら「効能領域」が必要かもしれませんし、基礎化粧品のブランド要素は「理想肌」「美容理論」などの項目が立てられます。

シートに記入する際、先行するブランドのコミュニケーションを参照するのも有効です。気になる・競合のブランドのレスポンス広告、ブランドサイト・ブランドブック、リピートツールなどで、そのブランドらしい・ブランドをよく表現していると思った部分を抜き出します。自分の事業ならば、そこで何と言うか、何を要素として配置するかを当てはめてみます。

　まとまったコンセプトシートはいわば、ブランドの「設計図」、表現の開発・展開で参照して守るべき「ブランドガイドライン」として機能します。ここで紹介したシートのように明文化するのがベターですが、制作の担当者の意識あわせがしっかりできていればいい。VIマニュアルのような厳守しなければならないタイプの規範ではありません。実際にこれに沿ってレスポンス広告が制作された経験、市場からのフィードバックを受けた結果からコンセプトシートは修正・追加されます。いわば慣習法的な運営になります。

13　ブランドの"敵"を設定する・「ではない」と限定する

　コンセプトを構成する要素の多くは、「このブランドは〇〇です」という形式で記述されます。しかし消費者に目に触れる表現で直接に言及するかどうかはともかく、コンセプト段階の記述は「〇〇ではない」ほうにむしろ強く留意しましょう。限定すればするほど、他とは違う、そのブランドらしさが際立ちます。「最初のお客さまに無料サンプルをお届けします」より、「初めての方にはお売りできません」のほうが、再春館製薬所のブランド姿勢がはっきりします。

　また商品やターゲットの拡大・包括性、そして社内各所のオーソライズを考えると「〇〇である」の範囲は限りなく広がって、ブランドは限定のない無意味なものになりがちです。「幸せを届ける」「誰にでも愛される」「家族みんなを健康にする」など。幸せを届けたくないブランドはあまりありません。

図表5-3　基礎化粧品ブランド基本構成

	SK-II	ドモホルンリンクル	アスタリフト	山田養蜂場RJスキンケア	ロクシタン	ドクターシーラボ
開発動機・契機	杜氏の美しい手からの発見	効果のある商品を安心して使える	創業80年培った技術を美肌に生かす	身体に良いものは美容にも良い	南仏の植物の効能を届ける	クリニックとして肌トラブルを救う
信条・姿勢	カウンセリングサポート	自然の生命力を届けたい	最先端研究を肌の未来に	養蜂家として一人の人のために	プロヴァンスの自然と伝統を守る	ドクターズコスメ
敵の設定	年齢・運命	安心できない信頼できない効果のない	サイエンスの裏付けのない	自然から疎外された現代社会	パリ・都会	イメージで提案するコスメ
中核成分・作用	ピテラ	コラーゲン和漢植物	アスタキサンチンコラーゲン	ローヤルゼリー	地中海の植物素材	（金の）コラーゲン
美容課題	エイジングケア	しみ・しわ年齢肌の悩み	幸せなエイジングへ	美しくなろうとする力を引き出す	美容効能とつける楽しみ	低刺激・敏感肌エイジングケア
アフター理想肌	クリアな素肌	本来の力を取り戻した肌	フォトジェニックビューティー	内面からイキイキと輝く	自然美	上向き肌
研究・製造姿勢	秋田10年肌研究	製薬会社の基礎化粧品	写真分野の先端研究	自然と人と健康を結ぶ	トレーサビリティ自然原料追求	現役医師による開発
カラー・トーン	エンジ色	桜色マットカラー	赤	黄色	黄色植物の自然色	白・赤
シンボル	桃井かおり綾瀬はるか	お試しセット肌シズル	松田聖子松たか子	レンゲ・ミツバチ	南仏の風景植物	ナースキャップと十字のマーク

（出所）各ブランドコミュニケーションツールなどから筆者作成

範囲を特定しない・意味のない話を語っても、聞き流されてしまいます。

　基礎化粧品のアイフォーレの驚異のコンセプト「浸透しない化粧品」は、浸透する化粧品である可能性をばっさり切り捨てて、既存の基礎化粧品「ではない」独自のポジションを築いています。ブランド開発・訴求は接触者に記憶を残してレスポンス・リピートに結びつけるのが目標、範囲のはっきりした有意味な情報ほど記憶されます。

　「ではない」に留意するブランド開発の中心となる項目は「"敵"の設定」です。実際の広告表現では"敵"は必ずしも明示しませんが、通販ブランドの

コンセプト開発の、ほぼ必須項目でしょう。

　たとえばオルビスは"敵"を「油分」に設定してブランドが構成されています。主人公・消費者は「オルビス」から「100%オイルカット」のアビリティをもった「アクアフォース」ラインを授けられて敵の油分に立ち向かい、遂にみずみずしく潤う素肌を手に入れる。"敵"の設定によりオルビスならではのブランド要素の文脈が成立しています。

　ブランドの総体に対立項を設定することで、ブランドの輪郭は明確に、要素を繋ぐ文脈は豊かになっていきます。

14　ごあいさつ状・ブランドブック・ネーミング

　フォーマットに整理したブランド要素の設計の初期段階のアウトプットは商品に同梱するごあいさつ状・ブランドブック・ブランドサイトです。ややボディコピーが多めの、平面のレスポンス広告を想定して制作してみてもいいでしょう。

　ごあいさつ状は、初回購入の顧客に送る想定でコンセプト開発シートに書いた主要な内容を織り込んで文脈化しながら書き込みます。この段階では長くなってもかまいません。

　ブランドブック＆サイトは、ビジュアル要素も組み込んだブランド開発が可能なアウトプットです。デザイナーなどの専門家が関与する作業になってきますが、その前にブランド要素となりそうな写真などを切り張りしてコピーと組み合わせたコンセプトシートを自分で作ってみるのも良いでしょう。

　制作したごあいさつ状・ブランドブックは、レスポンス広告や他のリテンションツールなど、コミュニケーションツールにとってのプロトタイプ、"雛形"になります。

　ブランド開発・形成とかかわるネーミング・パッケージについて少し触れ

ておきます。

　通販商品のネーミングは「とは何か」の説明が要らない名前にするのが基本です。お酢の健康食品の名称に仮に「さっぱり毎日」などと付けてしまうと「さっぱり毎日、それはお酢です」という説明が必要になります。

　実際にお酢健食のネーミングを拾ってみると、熟成やずやの香醋・えがおの黒酢・DHC香醋・DHC黒酢もろみ＋にんにく・サントリー黒酢にんにく・しまのや琉球もろみ酢。この場合いずれもメーカーブランド名＋素材名のシンプルな構成になっています。

　化粧品ならたとえば企業ブランド＋ライン名＋アイテム名、健食ならば企業ブランド＋素材名の商品名、事情がない限りミニマムにします。

　店販商材の場合、パッケージデザインは広告と店頭を結ぶ役割があります。パッケージデザインは商品名とともに広告で訴求・記憶され、スーパーの棚での選択に誘導します。そのために、他商品と差別化できる・個性のあるパッケージデザインが要求されます。

　これに対して通信販売はその場で買わせるので、パッケージにその役割はありません。そこで規格ものの包装、容器にシール貼りなどの簡易なパッケージが選ばれたりします。

　ただ、届くものがどういう形状か商品写真をレスポンス広告に表示するので、カテゴリーによらずその位にはデザインに留意します。健康食品の広告では商品名の表記をアルミ袋のパッケージ写真に担わせたりします。また化粧品はバリュー感や商品のシズルを容器の写真で表現する場合があり、その際は店頭販売商品に準じる要件になります。

15　ブランド形成のコミュニケーション展開へ

　さて、コンセプト開発シートの設計図、ブランドブックなどの雛形ができ

たあとは具体のブランド接点への展開です。ブランド視点のコミュニケーション開発の基本方針は、各接点でその"ブランドらしさ"・アイデンティティに基づいて表現することに尽きます。

前述のようにブランド形成機会は通販事業のすべての顧客接点。メディアなどで区分するのではなく、すべてをブランド視点でコントロールしなければなりません。商品・MD・レスポンス広告・リテンションツール・インバウンド（受電受注）対応など。

以下では主にレスポンス広告でブランド形成を図る方法について検討します。

a）ブランドのコアとなる要素を設定する

さまざまなブランドの要素を設定し訴求していくにせよ、一回の接触機会で消費者が記憶するのは限られた数になります。そこで、ブランドを構成する要素から、中心となるべきコア要素を設定します。

ブランドについてすべてを訴求したい、すべてを記憶してもらいたいのは当然です。ただコア要素に設定するのは、どうしても覚えてもらいたい・記憶に残せる一つか二つだけ。ブランドの他にない特徴で、そこからブランド"らしさ"の記憶が引き出せるかどうか検討して選んで設定します。

実際のブランドで中心的な記憶要素として消費者の記憶に残っているのは、たとえば山田養蜂場は「誠実でまじめな養蜂家」「ローヤルゼリー」、健食の愛しとーとは「岩本初恵社長」「ピンク」、基礎化粧品のファンケルは「無添加」、アスタリフトは「赤」「松田聖子」など。

設定したコア要素が妥当かどうか簡易なチェック方法があります。ブランドのコミュニケーションに接触した消費者が、家族・知人にそのブランドについて説明できるかどうか。「□□は、○○な会社だよ」と短く説明できるコア要素をもったブランド構成は優秀です。

レスポンス広告でも、ブランドのコア要素はできうる限り表現に組み込ん

で、接触者にその記憶を残していくようにします。

b）機能別に表現のトーンを揃えて"らしさ"の印象を形成する

　色・フォント・レイアウトなどのデザイン要素の雰囲気、いわゆるトーン＆マナーをそのブランドらしく各表現で揃えると、アイデンティティのある印象形成にとっては有利です。ただすべての通販のコミュニケーションを一つの表現トーンで統一するのは多くの場合難しく、事業にとって必ずしも有益ではありません。

　店販の消費財のコミュニケーションでも、テレビCMと流通店頭のPOP・プライスカードはトーンが異なります。テレビCMやショウウィンドウでは格調高く誠実に、チラシや店頭では「いま買うとお得！」とバクダンの煽りや手書き文字で価格を訴求します。

　店販の場合は各段階で接触機会が異なるのでトーン＆マナーの使い分けが容易です。しかし通販のレスポンス広告は、各段階の役割を単一の媒体や連続した接触機会で果たさなければなりません。ここで無理やりトーンを統一すると、格調高いが買う気がしない広告、もしくはすべてが安っぽい表現になってしまいます。

　テレビインフォや記事広告タイプの新聞広告では、商品訴求・提供者信頼形成などのパートと、CTAパート（Call To Action：価格訴求・オファー訴求・コール誘導などの行動に転換するパート）がはっきりと区分されています。ランディングページも商品訴求とCTAパートを分けるタイプの構成があります。

　アイデンティティのある印象形成のために、このパート分けの方法を採用するのは一つの解決法です。ブランドのレスポンス広告の表現のスペースで商品の訴求パートとCTAを区分し、それぞれのトーン＆マナーで表現する。異なる媒体の表現や複数のレスポンス広告のバリエーションを投入していく際に、役割パートごとに可能な限り同一のトーン＆マナーで表現すればブラ

ンド蓄積の効果が得られます。全体としてパート間の連続をなじませて違和感なく構成するのはデザイナーの腕にかかります。

　トーン&マナーのうち、特にブランドカラーは一貫性を保ちたい要素です。媒体、表現バリエーションを通じて同一・同系統の色を使うべきでしょう。

c）商品訴求・購買誘導のコピーにブランドコンセプトを組み込む

　商品を訴求し購買転換を促進するコピーに、前述のシートに整理したようなブランドのコンセプトを組み込んで開発します。

　個々の商品・ターゲットニーズ・市場環境は異なりますから、ブランドに沿わない訴求がレスポンスにとって適切な場合もあります。だからいちばん目立つキャッチコピーに必ずしもブランド視点を導入しなくとも構いません。サブキャッチ・見出し・ボディコピーなどで、可能な限りブランドの共通要素・らしさに適合する表現を検討します。

　その作業はそれほど難しいものではありません。自社の商品について・売り方について、「私たち」のブランドの立場からどのように語るかを踏まえて制作すればよいだけです。たとえば下記のような例が考えられます。

・信条・事業規定要素から商品特性を訴求する
「△△で充分でしょうか。私たちは、科学に基づく○○を届けます。」
「保湿だけではない、□□をお届けするのが私たちの役割です。」
「□□No.1の私たちが、どうしても作りたかかった○○です。」
「どうして□□は、○○を通信販売でお届けするのでしょうか。」

・根拠地や属性から商品の希少性を訴求する。
「摂氏マイナス41.0度の地、北海道旭川で○○は生まれました。」
「いまは○○の職人だけに伝えられた技術で作られます。」

・顧客への想い・社会的意義からオファーや使用性便益を訴求する。
「忙しい毎日、ともすると忘れがちな○○を取り戻して欲しい。」
「毎日使っていただきたいから、□□の形にしました。」
「○○と一緒に使って欲しい□□をお付けします。」

このブランドの立場なら、この商品のどの特性を訴求するか、どのように説明するか。どのような口調・話法で語るのか。レスポンス広告を開発する際は、消費者のニーズ・商品スペック等とともに、必ずブランドコンセプトを参照しながら制作します。

レスポンスの獲得のための汎用的なコピーギミックはありますが、それを踏まえても商品特性の訴求法、表現には多数のやり方があります。「われわれのブランドならこのように商品を訴求する」。そういう表現開発視点を軸の一つとするのはムダではありません。

構成されたブランドコンセプトは、レスポンス広告の表現開発を助け、文脈をもたらします。各種レスポンスギミックのために恣意的に流れがちな商品訴求をブランドの"らしさ"の求心力で収束します。

そして表現されたブランドの力は、売る理由のある＝買うべき理由のある、他とは違う希少な商品である、共感の持てる売り手の商品であると消費者に印象付けます。

「この会社は名前を聞いたことないけど、きちんと考えて作ってるんだな」「単なる売込みじゃなく、気持ちがこもってるんだなあ」「○○の特徴がある会社だ」。レスポンス広告の接触者に少しだけでもブランドの爪あとを残せれば成功です。その記憶は即時の顧客転換を促し、または蓄積されて効率の良いレスポンスの獲得へと導きます。

第6章
［媒体設計］
適切な媒体選択で成長性を確保する

　通販が新規顧客を獲得する場所は媒体。通販事業の採算構造のなかで媒体費は大きな比を占めます。安定した通販事業でも媒体費は売上対比で15％−20％程度以上。立上げ・成長期事業では50％超など、初年度なら売上を超える場合もあります。

　もちろん媒体費は獲得顧客数で割ればCPOになります。同じ媒体費を投じて何人の新規顧客が獲得できるかが、事業の採算性に直結します。さらに媒体選択は事業の"フォーム"を決定する要因にもなります。

　媒体をどう選ぶか・どう使うか、評価するKPIの設定・運営の仕方も含めて検討していきます。

01　通販で利用するメディアは

　通販で主に利用されている媒体はテレビ・新聞・折込チラシ、そしてネットです。加えてラジオ・雑誌が少し、あとは後述の同梱チラシなどのニッチメディア。基本的には最初の四つが主力です。

　それぞれ媒体はビークルと呼ばれる具体の区分があります。テレビは放送局、新聞なら新聞社という具合です。ビークルの違いも含めて媒体ごとに異なる特性があります。通信販売で注目すべき媒体特性の項目は図表6-1のとおりです。

　販売する商品の適合性などとこれらの特性を合わせて検討し、投入する媒体を決定します。それぞれの媒体特性については各節で説明しますが、ここでは媒体の利用・選択に関して二つの端的な注意点をあげておきます。

図表6-1　媒体の特性評価項目

01)	オーディエンス特性	誰が見ているか
02)	接触態度特性	提供する情報に対する関与・態度
03)	ターゲット区分性	ターゲット区分のやり方・しやすさ
04)	表現手法	動画・静止画・音声・色など
05)	コンテンツ	それぞれの媒体の提供情報内容
06)	テストしやすさ	制作費・同質性・最小購買単位などが規定
07)	レスポンスチャネル	電話・検索誘導・クリック
08)	到達単価	1回到達あたりの価格
09)	最小購買単位	取引の最低ロット・料金
10)	スケーラビリティ	最小購買単位の小ささ－拡大時の到達数の大きさ
11)	制作費	表現を制作する料金の規模感
12)	関連法規・考査	掲載広告についてのルール・法規・制度

a）顧客獲得媒体で費用が発生する理由

　通販で利用する媒体は基本的に広告媒体なので費用がかかります。通販事業の、顧客の獲得・リストの取得に投資して成長していくという仕組みを理解はしても納得しにくいかもしれません。それに納得しても通販事業の運営にかかわる者すべてが、できるだけ安く、たくさんの顧客を獲得したいと願っています。しかし残念ながら媒体に投資せずに、タダまたは格安で大量の顧客を獲得する方法はありません。

　仮に誰かが有償の広告を使わずに多数の顧客を誘引する方法を知っているとします。その発明者が商品など他の事業リソースをもたなければ、ノウハウを売ることになります。通販事業者はその情報を欲しがります。売り手側としてはノウハウを安く売る理由はなく、できるだけ高く売りたい。その値付けはどうなるか、有償媒体の平均CPOよりも少し安い価格、結局は相場程度の費用に落ち着きます。

b）「媒体への先入観」を避ける

　先入観に由来する媒体の評価を聞くことがあります。「テレビを使うのは大企業だけ」「ネットは若い人ばかりなので使いません」「チラシは単価が高いので使いません」「新聞は部数が減っているし誰も見ていない」など。

　商品によって媒体の適合不適合はありますが、それを決めるのは基本的にはテスト、もしくはしっかりとした検討です。テストを重ねて、あるいはちゃんと検討したうえで判断し、利用する媒体を絞り込むのなら適切です。その媒体は合わないのでしょう。

　しかし、上記のような判断停止で媒体利用を切り捨てるのでは事業成長に支障をきたします。たった四つしかない主力媒体の二つ・三つを、先入観による評価で捨ててしまうのは惜しい。食わず嫌いによる媒体切り捨ては避けます。

　数回のテストの結果から特定の媒体を利用しなくなるパターンもあります。

判断停止ではありませんが、これももったいない。商品・価格を与件とすればレスポンスを左右する大きな変数は二つ、媒体以外にもう一つ「表現」があります。限られた回数のテストのCPOが良くなかったのは、広告表現のせいかもしれません。あつものに懲りてなますを吹いていないか、顧みる必要があります。

商品に媒体が合っているかどうかの検討は、まずその媒体にどんな広告が載っているかを確認します。レスポンス広告が多数ある、自社と競合する、または類似する通販ブランドが継続的に出稿しているのならばその媒体は自社商品にとって可能性があります。出稿している企業の全部が広告会社やコンサルタントにだまされているのではありません。レスポンスが獲得できない媒体、儲からない媒体には誰も投入しません。

「媒体への先入観」に陥ることなく表現開発と数次のテスト出稿を投入して目標のCPOに到達すれば、使っていなかった媒体が使えるようになって事業の成長性は高まります。

02 「スケーラビリティ」で媒体を選ぶ

通販事業をこれから起業しようとする事業者は、企業規模を問わず小さい媒体を選びたがる傾向があります。起業リスク・媒体への投資額を小さくしたい、絞り込んだターゲットに到達したい。そういうもっともな動機から通販事業者は小さい媒体を志向します。ここでいう小さい媒体とは、マス媒体ではなく、かつ出稿の最小購買単位の料金が小さいメディアです。具体的にはフリーペーパー・タウン誌・専門紙・新聞拡販誌・ケーブルテレビなどのニッチ媒体。かき集めればそれなりの顧客数が獲得できる場合もありますので活用すべき媒体ではあります。

しかし起業時に小さい媒体を選ぶのは、まったくお勧めできません。テレ

ビ・新聞・チラシ・ネット、通販の主力四媒体のいずれかから選ぶべきです。

　まず投資額を見ると、通販の四媒体も出稿の最小購買単位の料金は決して大きくはありません。テレビの60秒インフォマーシャルを地上波ローカル局で5本流して30万円程度から。新聞の全国紙でもエリアを選べばモノクロ5段広告（1面15段の3分の1）が50-60万円程度から購入できます。それなりの額ですが、たとえばタウン誌の四色1ページの料金とさほど変わらないレベルです。

　投資額の小さな媒体は投資リスクが低い、さらに絶対価格が安いから顧客の獲得効率も良いのではないかと思ってしまう。小さな媒体への志向は、こういう単純な誤解も背景にあるようです。

　投資額の小さい媒体の期待レスポンス率・顧客獲得効率が上がるわけではありません。100万円の媒体より10万円の媒体のほうが効率がいいだろうと考えるのは、宝くじは10,000円買うより1,000円買ったほうが得だ、当選確率が上がると主張しているのと同様です。

　さらに小さい単位での媒体投資は、人件費・制作費など取引あたりの固定費用を踏まえると、到達あたりの単価は基本的に上がります。媒体投資額が小さいからといって顧客獲得の効率は上がらず、むしろ低下しかねません。ニッチ媒体を検討する際には、絶対価格よりもまずは到達単価に注意して選択します。

　小さな媒体の決定的な弱みは、投入規模の拡縮性・スケーラビリティに欠ける点です。特定のフリーペーパーに工夫した広告表現を出稿したとします。効率良く顧客を取れたとして、獲得数をもっと増やそうと思っても最大到達数が小さい媒体なので増やせない。小さな媒体は、いわば限られた獲物しかいない釣堀のようなもの。獲得できる顧客数が限られています。

　また、一つひとつ媒体特性が異なるので、成功した広告表現が他のフリーペーパーで顧客を獲得できるかどうかわからない。テストにはならず、成功してもむしろ「小成功の失敗」（第2章04）を招きかねません。

これに対して新聞・テレビ・チラシ・ネットは、小規模のテスト出稿を繰り返して目標CPOに到達、採算性の見通しがつけば、そのまま大規模な出稿に拡大できます。

　テレビ・新聞・ネットの媒体でも広告会社や業界関係筋がスポット的な「特別に安い料金」を提案してくる場合があります。もちろん採用を検討しますが、若干の注意が必要です。「特別」なだけに、その料金での出稿は増やせない。特別に安い料金は小さな媒体同様の陥穽を抱えています。そういう伸び代のない媒体だけを選んで商売をしていると事業の成長可能性はじわじわと低くなっていきます。

03　小さな媒体への最適化が招くリスク

　事業を進めるうち、良くも悪くも事業を取り巻く環境に適したスタイル、「事業フォーム」をもつようになっていきます。ここでいう事業フォームは、事業主体の意識・投資規模＆リスクイメージ・仕事の進め方・事業評価指標・上位組織の評価基準・主要な継続取引先など。それらが小さな媒体の環境に習熟し、最適化してしまうと危険です。架空の例で説明しましょう。

　消費財ブランドX社が通販事業を始めました。媒体を検討した結果、投資額の小さいケーブルテレビの買い切り枠を選び、そこからスタート。初年度は事業規模は大きくないながらも立上げに成功。事業担当者もX社経営陣も来年度は売上の拡大をめざします。

　しかしケーブルの出稿枠はいっぱいでもう増やせません。また既存の表現では、薬事法などのチェック基準の異なるBS・地上波には流せない。新たに制作費を投じなければなりません。さらにケーブルテレビでの投資規模・獲得効率にX社の社長・役員が慣れてしまっています。来期は、より小さなユニットの媒体投資額を前提に、今年よりも効率の良い顧客獲得と売上・利益

を求められる。制作費は抑えろといわれる。担当者は頭を抱える。X社は事業の入り口で選択を誤ってしまいました。

ひとたび固まった事業フォームは変えにくいものです。利用する媒体を広げてまさに離陸せんとする際に、ニッチ媒体に最適化されて固着したフォームが足かせとなって事業の成長を妨げます。

アフィリエイトしかやらない、ラジオ以外の媒体は使わない、のように特定の媒体のみで事業運営する通販会社もあるようです。それも小さな"釣堀"に事業フォームが最適化されて抜け出せなくなったパターンかもしれません。

伸びる通販事業は基本的に、事業開始の当初から拡縮性のある四媒体のいずれかを選び、そこで小規模のテストプランを組んでスタートして拡大をめざします。

04 「新聞」のスペースを活用する

商品・市場環境によって異なりますが、これから始める通販事業に最初に利用する媒体としてお勧めするケースが多いのは新聞広告です。

制作費と最小購買単位の料金がそれほど大きくなく、レスポンス効率が良かった際にスムーズに拡大できる。通販事業が語りたい内容をコピーで読ませられるうえに写真のシズル表現も使えます。多くの通販の商品が主たるターゲット層とする40代以上女性に到達しやすいメリットもあります。

a) スペース・多色刷りの選択

新聞広告は1ページが15段に区分され、通常は段単位のスペースで販売されます。通販で利用される例が多いのは15段・5段のスペースで、次いで10段・3段です。まれな例ですが、香川県の富士産業は酵素のレスポンス広告で見開き2ページの30段を時おり投入して、見るものを驚かせます。

広告料金は、段数×段あたりの料金で決定します。それぞれ新聞社が提示している料金表がありますが、通販事業が仕入れる実勢の価格は基本的に市況によって決定されます。通販に慣れた広告会社を通じて取引すれば適切な料金で仕入れられます。

新聞の出稿スペース選択に関して、低段数の小さなスペースの広告は安いという誤解がありますが、むしろ小さい段数ほどスペースあたりの単価は高くなります。

レスポンス獲得効率で見ても、5段よりも15段広告のほうが有利な要因があります。新聞広告のスペースの大小で変化するのは、広告の注目率と提供情報量です。あたりまえのことですが大きいスペースのほうが注目率が高くなります。さらに提供できる情報量も大きくなり、より多くの読者を説得・納得させられます。

新聞読者の接触態度特性も大きなスペースの新聞広告に有利に働きます。新聞の記事を読む際に読者は、情報を読んで理解・納得する姿勢でいます。15段の記事広告・コピー量の多い広告は、記事の流れで情報の多いレスポンス広告を読ませ、納得させて顧客転換を図ります。

5段広告を実施していた通販ブランドが15段広告を投入すると3倍以上のレスポンス数を得てCPOが良くなった実例もあります。実際に新聞を広げて見てみましょう。15段の通販広告は毎日掲載されています。投入している通販ブランドは予算に余裕があるからそうするのではありません。その商品では5段よりも15段広告のほうが儲かるから、顧客獲得効率が良いから大きなスペースを選択しています。

もちろんすべての通販広告で15段が必須だというわけではありません。5段は5段の使い方があります。説得・説明があまり要らない商品で、無料サンプルや低価格の1,000円台までの商品であれば、5段広告からテストしていきます。

コールセンターのレスポンスのピークを分散させるのにも小スペースの新

聞広告は有効です。たとえばツーステップ販売のサンプル受注をインバウンド時に即時に本品・定期に引き上げたい場合。全国紙の15段広告で出稿日午前中に数百件単位のレスポンスが集中すると、時間をかけたアップセルの対応ができません。5段出稿で得られた受注をていねいに応対して本品・定期に引き上げていきます。

　スペースの大きさは予算で決めるのではなく、商品訴求上の必然性・レスポンス処理の方針などで決めるべきです。立上げ期の通販事業で、新聞広告でしっかり説得・説明すれば顧客が獲得できそうな商品がある。しかし予算が大きくない、リスクが怖い。そういった場合は妥協して5段のスペースを選ぶのではなく、小部数の新聞媒体を選んでテストします。新聞の料金は基本的にスペースあたりの価格と部数の掛け算で決まります。予算の範囲で15段広告を出稿するプランを広告会社などに提案させましょう。

　四色刷りの広告は15段でモノクロの1.2倍程度の料金になりますが、注目率が上がるだけでなく商品写真のシズルが増します。カラー広告で商品の魅力を表現できそうであれば積極的に検討・テストします。実務的にはカラー広告の選択で1.2倍以上のレスポンス獲得の目標は決定的に高いハードルではありません。

b）全国紙と地方紙の選択

　朝日新聞・読売新聞などの全国紙全国版と各地の地方紙では、部数の少ない地方紙が料金の絶対額は小さくなります。だからといって地方紙を選んだほうがいいわけではありません。同じスペースの「一部あたりの単価」を見て検討するのが正解です。新聞社にもよりますが現状の市況では、全国紙のほうが部あたり単価は安い傾向があります。

　全国紙も地域に区分した出稿が可能なので、東京本社版ではなく他の地域版や夕刊を選べば1回数十万円程度で出稿可能。小さな投資で成功すれば拡大していけます。

c）新聞発行部数の減少

　近年の傾向で新聞は全般に発行部数が減少しています。これを気にする通販事業者も多いようです。また新聞を取っていても読まない人が多いという指摘もあります。実際そうかもしれません。ただ、それらはそんなに気に病むことはありません。

　新聞広告の実勢の価格は基本的に市況によって決定されると説明しました。通販事業は、市況を決定する需要側プレイヤーの主要な一つです。全般的に新聞広告でレスポンスが取れないのならば、その価格は下がります。現状の新聞広告の料金は多くの通販事業にとってその目標CPO近くを達成できる料金に設定されています。

　もちろん、個々の通販ブランドが投入する個々の新聞広告が目標CPOに到達できるかどうかは、商品と広告表現などによって決定します。

05 「折込チラシ」で買い物客を捉える

　ずっと以前ですが、折込チラシの媒体計画・表現開発に取り組んでいると、広告会社の上司・同僚が怪訝な顔をすることもありました。折込チラシはいわゆるマス四媒体ではありませんし、小売の販促に利用するための媒体と思われていたからです。もちろん最近は折込チラシの機能・有用性は広く理解されています。通販事業にとって折込チラシはとても頼りになる、使い勝手のよい媒体です。

　まずネット媒体と並んでスプリットランテスト（ABテスト）（第7章08）がやりやすい。複数パターンの広告表現を比べて、どれがレスポンス効率が良いのか、他の条件をそろえて投入・比較するテストができます。

　エリアセグメント・投入タイミングが柔軟に設定可能な点も取り柄です。折込チラシなら最小は町丁単位の絞込みから、電波エリア・全国全世帯にま

で拡げられます（本章12）。しかも世帯カバー率が高い。エリアによって違いますが、折込チラシの世帯到達率は8割に達しています。メディアミックスキャンペーンで、テレビスポットCMが降り落ちるエリアの世帯に、同日にいっせいに到達してレスポンスの受け皿になる媒体は折込チラシだけです。

コールセンターの閑散期にオペレータの稼働率を上げるために、受電能力に合わせた適切な量の折込チラシを投入する使い方もできます。

一方で折込チラシは、B4サイズのチラシ1枚を世帯に届けて5-6円と到達単価がとても高い。また他媒体と比べて市況によって価格が下がりにくいという特徴もあります。それにもかかわらず通販の折込チラシは、毎日の新聞に必ず入ってレスポンスを誘っています。

なぜ通販事業は折込チラシを利用するのか。そのいちばんの理由は媒体の接触態度です。折込チラシを消費者は、商品を買うための媒体と位置づけているため、その場で商品を売る通信販売とは相性がいいのです。

新聞本紙を読む際には出来事・解説などの有用な情報を入手しようという姿勢でいたオーディエンスは、折込チラシを手に取った瞬間から"買い物客"に変じます。スーパーの特売・マンションの売出し、面白そうな商品はないか、お得な商品はないか、品定めする目でチラシはめくられます。興味を引いたチラシの商品説明を眺め、いまの自分にとってお得な商品であればアクション、購買行動に転換する構えでいます。

このような接触態度があるので折込チラシは、フリーダイヤル・ハガキでのレスポンスに自然に誘導できます。到達単価が高いながらも、他媒体よりも平均レスポンス率が高くなって、結果、他の媒体と比肩しうる顧客獲得効率が得られています。

これは平均的にそうなっているということで、個別の商品・表現で高効率が得られるかは別。通販事業で折込チラシを利用する際は、"買い物客"を捕まえるという視点から、表現開発・売り方設計に留意して投入します。

06 早い段階から使いたい「テレビインフォマーシャル」

　現状テレビメディアでは、通販のレスポンス広告が大量に流れています。日中、職場で仕事している方にはピンと来ないかもしれません。通販事業にかかわる方は一度、平日の地上波・BSのテレビ視聴を経験するべきでしょう。昼間のテレビでは化粧品・健康食品・雑貨などの商品の、長いCMや通販番組がひっきりなしに放映されます。テレビは通販事業にとって最重要のレスポンス媒体の一つです。

　通販事業でのテレビ媒体の使い方を区分すると次表の四つ。主力であるレスポンス広告としての使い方は上の二つで、60～120秒の「短尺インフォマーシャル」、長尺・番組と呼ばれる15～29分の「通販番組」です。これはいずれも出稿ごとのレスポンスによって獲得効率が評価できます。

　尺の違いは、まずは商品価格の違いです。長いほど高い商品が売りやすくなります。絶対価格の安い商品は、短い尺のほうが効率が良い。たとえば、無料や1,000円台までのサンプルのツーステップなら60秒・90秒、3,000円程度の商品なら90秒か120秒で。5,000円程度ならば一般に60秒で売るのは難しく29分の通販番組が検討されます。

　仕入れはテレビ局に取引口座のある広告会社から。放映する素材（インフォマーシャル・通販番組のコンテンツのこと）の制作も、広告会社に発注するのが通常です。新聞の場合と同様にテレビ媒体でも、いきなり東京・大阪の放送局での出稿ではなく、BS・CS放送や地方局でのテストからスタートします。

　放映の日程・時間帯を選んで出稿することになりますが、インフォマーシャルの場合、どのテレビ番組で放映されるかがレスポンスにかかわってきます。現状では全般的に、時代劇・韓国ドラマのレスポンス効率が良いといわれています。いずれにせよ広告会社を通じた出稿になるので、信頼できる広告会社の担当を選んで出稿計画を立てます。

図表6-2　通信販売でのテレビ媒体の使い方

種類	尺（秒・分数）	特徴	KPI
短尺インフォマーシャル レスポンス媒体	60秒・90秒・120秒	15秒・30秒のCMよりも長く、商品を説明してフリーダイヤル読み上げによりレスポンスに誘導する。	CPO（出稿ごと）
通販番組 レスポンス媒体	15分・29分	バラエティ・旅番組などの体裁で商品の特性・便益をしっかりと説明、フリーダイヤルから販売につなげる。	CPO（出稿ごと）
レスポンス誘導CM	15秒・30秒	メディアミックス時に投入される商品訴求・CM。フリーダイヤル読み上げはなく、レスポンス誘導に誘導。	展開期間トータルCPO
ブランド訴求CM	15秒・30秒	必ずしもレスポンスを期待しないCM。事業が50億円程度以上の規模になってから。	四半期・年間トータルCPO

　短尺インフォ・通販番組ともに現状では通販の主要媒体のうち、効率良く多くの顧客を獲得できる媒体です。それだけに多くの通販会社の主力の新規顧客獲得媒体になっています。事業の成長のためには、ぜひ早い段階から利用したい媒体です。

　ただテレビは初期コストがかかる点が難点です。媒体費のほうは前述のように数十万円程度からの費用で出稿できるのですが、素材の制作費に300万円程度からの投資が必要になります。この投資を考えると通販事業の当初にはなかなか採用しがたい。

　しかし地方の食品通販で、最初から短尺インフォマーシャルでスタートした企業もあります。動画ならではの商品シズルを生かしながら、生産者・産地風景要素による本物感・信頼感を表現した短尺のインフォマーシャルを作成。BS放送に投入して、この際は効率よく顧客を獲得できました。

テレビの視聴時間は漸減しています。ただ現状でもメディア接触時間のシェアは群を抜いており、その役割を代替できる媒体はありません。テレビメディアはこれからも通信販売事業にとって主要な媒体であり続けます。

07 拡大する「ネットメディア」を活用する

インターネットメディアは、通信販売にとても適した媒体です。現状の肌感覚ですが、通販事業で投じられる媒体費全体のうち、おおむね２割程度はネットメディアが占めていそうです。そしてインターネットは今後さらに重要なメディアになっていく、こちらのほうは確かです。

メディアの中でのポジションを見ると、個人平均の１日の全メディア接触時間のなかで現状、ざっと２割程度（接触の定義によって違います）をネットが占めているようです。これはテレビに次ぐ時間シェアです。カバーする年代層も、モバイルの普及もあってずいぶん広がって50代までは十分実用の範囲になりました。

ターゲットクラスターを細かく区分してアプローチできる、施策の評価が早い（テストのしやすさ）、コミュニケーションコストが安いなどの特性は通信販売事業の利用に有利です。

またオーディエンスを売り場・ランディングページにまで誘導できたなら、ここはネットの独壇場です。他媒体のように電話・ハガキなどの別の注文手段に移行することなく、同じメディアの場でシームレスにコンバージョン・注文にまで導いていく。工夫次第では、コールセンターのインバウンドのようなアップセルにまでもっていける。

これらの特性を生かして、さまざまな広告サービスとソリューションが通信販売事業に利用されています。それをどうやって選ぶか。ICTの世界だけに進化の展開が速くサービス・ソリューションは次々に生まれて、ユーザーの

側としては総体の把握が難しいようです。

　まったくわからない人向けに言えば、リスティング・バナー・ランディングページ、この三つだけ覚えておけば一応は大丈夫。ディスプレイ広告と聞けば、それはおおむねバナーです。

　検索語に連動して表示されるリスティング広告、サイトに表示されたバナーをクリックすればLP（ランディングページ）の商品情報に移動する、そこで説得してサンプルなり本品なりの注文を獲得して顧客・見込み顧客に転換する。これに付随して多様な効率化の仕組みが提供されています。毎年のように新しいサービス・コトバが登場しますが、事前に・いっぺんに覚えなくともよい。広告会社などと運用するうちに必要なものはわかりますから心配ありません。

図表6-3　主なインターネット広告種・サービス

01) バナー広告	サイトに表示される画像広告。表示単位（impression）またはクリック単位で取引される。
02) リスティング広告	検索に連動して表示されるテキスト広告。単語ごとの入札で取引されクリック単位の課金。
03) GDN・YDN	Google・Yahoo!が運営するネット広告の配信サービス。オーディエンスの関心領域などで表示サイトを選択できる。
04) DSP	複数の媒体にまとめて広告配信するサービス。媒体枠単位でなく、オーディエンス属性などを選んで出稿できる。
05) リターゲティング	自社サイトなどの接触者を対象に広告を表示する。見込み顧客の再訪を促進するサービスメニュー。
06) 動画広告	YouTubeなどで表示される動画の広告。視聴単位で費用が発生する。
07) インフィード広告	SNS・ニュースサイトなどの上から下に情報が表示される画面、タイムラインに挟み込まれる広告。
08) アフィリエイト広告	成果報酬型の広告サービス。ポイントのインセンティブなどで申し込みを得る。

08 次々と登場するネットメディア・ソリューションを把握する

　もう少しネットメディアについて概観しましょう。把握すべき要素が多数ある際は筋道をつけて把握すべし。一つの軸をおいて通販で使われるネットの各種サービス・ソリューションを整理します。

　メディア理論学者のマクルーハンを思い起こしてみます。その理論のうちこの際に役立つのは「ホット・クール」のメディア区分です。彼の例示によると、熱いホットなメディアは映画・ラジオ。クールな冷たいメディアは電話・テレビ・日常会話です。ホット・クールは、そのメディアに接する視聴者側の態度の違いだと捉えられます。

　オーディエンスが積極的・主体的に、提供情報に熱く関与する姿勢であたる媒体は「ホット」。ラジオの深夜放送などは典型的にホットです。オーディエンスが受身で、メディアが流し込む情報を従順に冷静に受け取る姿勢でいる媒体は「クール」。その代表はもちろんテレビです。

　言い換えると、クールなメディアではプッシュされた情報を受け取る。ホットなメディアでは情報をプル、すなわち取りにいって、引っ張り出す。

　前世紀のメディアの王であるテレビ、そのCMはとりわけクールです。視聴者の受身・受動性を前提として、見たいと思っていない人にもCMは提示されます。リモコンのチャンネルを変えてもスイッチを切らない限りテレビはCMを流し込み続けます。CMはまさにオーディエンスの主体性をないがしろにします。

　マーケティング主体は、このテレビCMの特性を利用して、商品への欲求を創造します。商品情報に興味のない・商品が欲しいと思っていない受身の人の目と耳、脳にCMを流し込んで関心をもたせ、あのブランドが欲しい、この商品を買いたいという欲求を喚起するところにまで導きます。

　このように捉えるとインターネットはテレビCMと対照的、まさしくホット

なメディアといえます。インターネットがホットなメディアである証拠に現在もGoogle・Yahoo!は何より「情報検索」のサービス。オーディエンスが能動的に、知りたい情報のキーワードを検索窓に打ち込むところから媒体接触が始まります。インターネットで前提となっているのは、情報接触者の主体性です。

　そのためネットは、ターゲットに情報を押し付ける・それまでなかった欲求を創造するのはあまり得意ではありません。

　またブランド名・商品名の認知の獲得も不得意。ブランド認知のためのコミュニケーションは、特にネットでやる理由がない限りはテレビCMに任せます。インプレッションの料金相場はクリックからのコンバージョンの価値を前提に形成されています。その場で名前を覚えさせるためだけにバナー広告を提示するのはまったく得策ではありません。

　一方でターゲットに合わせる器用さにかけてはネットはとても有能なメディアです。まず接触者側がワード検索で特定情報への関与を明示してくれるのですし、接触媒体の経路データも取れる。その情報が欲しい、欲しがる人に適合した情報を届ける。顕在化した欲求への対応は得意分野です。

　インターネットをマーケティングメディアとして活用する側も、情報接触者の主体性、欲求に対応した手法をとります。その商品カテゴリーに欲求をもつ人・買いそうな人を選り分けて探して、そのターゲットだけに商品情報を提供する。逆に興味のない人にはできるだけ接触したくない。

　ユーザーを細かくクラスター化（層化）し、できれば一人ひとりの主体レベルにまで区分して、その人が欲しい・欲しがるだろう商品の情報を提供します。インターネット上の広告サービス・技術、リスティング・SEO・リターゲティング・DSP・DMP、基本的にはすべてそのために活用されているサービス・ソリューションです。

　ネットのツールすべてが能動性に対応するものかというとそうでもありません。ポータルのトップページのバナー、動画のインストリーム広告・ネイ

ティブ広告・フローティング広告などはネットの中ではプッシュ性の強い媒体です。ただネット環境の中では基本的に接触者側はホットな姿勢でいますので、見たい動画のためにインストリーム広告は我慢され、ブラウザ画面をふわふわ漂うフローティング広告が邪険に扱われます。さらに主体性をひそかに阻害しようとする情報提供の作法は嫌われる、ステマというやつです。

また顕在化した欲求の道筋をつける際にはネットはとても頼りになります。接触者側のニーズの存在を前提に、情報を与えて欲求をさらに高めながら商品に誘導します。たとえば各ジャンルのポータルの記事風広告や、AllAboutやNEVERまとめなどのキュレーションメディアは、カテゴリーに対する関心・欲求を個別商品に振り分けて誘導しています。

09　ターゲットクラスター化の陥穽

媒体に関連して、オーディエンスを区分してそれぞれに効率的にアプローチする「ターゲットのクラスター化」について触れておきましょう。

マーケティングコミュニケーションでは一般に、ターゲット区分・クラスター（層）の数を増やすほど対象1件当たりの対応コストは増えますが、そのかわり購買転換の効率が良くなります。

もう少し開いて説明します。一度に多くの人に一般論の商品説明を語るより、区分したターゲットを対象にその属性・ニーズ・ライフスタイルに合わせた説明をしたほうが購買転換効率が高い。その反面で区分すればするほど販売費用は高くなってしまいます。

クラスター化の効果と販売費用の妥協点をどこに設定できるか、どこに設定するか。これは古くはカタログ通販が直面した問題でもあります。

ICT技術を活用して媒体接触履歴・購買履歴などの巨大なデータを分析、

消費者を多数のクラスターに分解し、それぞれに対しての推奨・リコメンデーションの効率化を図る。

さらに一人ひとりのニーズにまで対応、商品提案と供給をリアルタイムでマッチングする個人レベルの最適化を実現する。これによって消費者ニーズと商品提案・供給のミスマッチ、投資リスクは最小限となる。さすればついに永続的な経済成長は実現するのである——。

これは前世紀1990年代に喧伝され、ITバブル崩壊・リーマンショック以降はかえりみる人が少なくなった「ニューエコノミー」の経済理論です。極端な話ですが、極端な理論はスジ道がはっきりしているので、賛否はともかく物事を考える際に使い勝手があります。

ニューエコノミーの考え方では、ICT技術により取引費用、クラスター化・パーソナライズの費用がゼロに近づいていくと想定されます。実際に、EC・BTO（Build to Order）などの技術は取引コストを劇的に低下させました。

通販で利用する媒体のうちインターネット媒体では特に、見込み顧客・顧客の区分を細かく設定できます。区分したターゲットのクラスターに合わせてアプローチすれば、顧客獲得の効率は向上します。そこで数百・数千のクラスターにまで区分する。ネットならオーディエンス情報がすべて電子データなので実際に無数の区分ができてしまう。最終的には一人に区分するパーソナライズです。

そこで見逃されがちなのは、企画・制作コストです。区分したクラスターの数だけ購買誘導文脈の企画が必要です。区分数に掛け算して、タッチポイントごとの表現も制作しなければなりません。初回接触バナー・再訪促進用バナー・LP・再注文LP・電子DM。比較的コストの安いテキストデータであっても企画・制作するのは人間です。さらに動画やリアルのDM・カタログは数十のクラスターに対応した制作は不可能、がんばっても数種のバリエーションに留まります。

カタログ通販事業は、カテゴリーをまたがる膨大な購買履歴データと商品

マスターデータをもっています（顧客への推奨・リコメンドにおいて商品マスターの重要性は結構見落とされがちでした）。顧客に合わせた細かなクラスター区分が可能なデータインフラがありながら、その業態は大部の「総合カタログ」をもっています。個々のターゲットに合わせた分冊化が単純に進むわけではないのは、クラスター対応による企画・制作費アップとその効果の評価の問題にも由来します。

　クラスターに合わせて購買誘導文脈を検討してステップごとの表現を開発していく際には、ざっくっと分けた数個までのクラスターを利用するのが現実的です。企画担当もターゲット顧客層のペルソナまでに目配りが行き届いて、質の高い・提案力の強いプランができるはずです。ネットと連動するテレビなど他の3媒体は、ネットに比べてはるかに区分性能が劣る、顧客を細かく区分できにくい点にも考慮しなければなりません。

　IT化で収穫逓増が実現するとしたニューエコノミーの夢は、資源の有限性の壁に阻まれて頓挫しました。通信販売でも、ネットオーディエンスデータのマイニングで際限なくクラスターを増やせるにせよ、比例して増大する販売費用の変数を見落とさないようにします。

　もとよりターゲットの到達効率・顧客転換効率を重視する通信販売にとって、ターゲット・顧客の区分によるアプローチの効率化は常に追求が必要な課題です。

　クラスターへの対応で企画・制作コストが発生しない場合は、細分化が有効です。広告を配信する・配信しないというオン・オフの設定なら表現開発を要しません。送付のタイミングも対応が自動化できます。

　商品開発の領域でも新しいやり方が考えられます。商品に適した顧客層・媒体を選ぶのではなく、逆に媒体接触データなどの分析によって得られた特定のクラスターを選んで、そこに適合する商品開発をおこなう方法です。データマイニングと調査で適正な規模の層の購買力・消費動向・意識の輪郭

を把握して商品を開発し、かつその対象顧客層に有効に働きかけるメディアと合わせて事業化計画を進めます。

今後数年の間にAI技術も進展してコミュニケーション計画への適用が進むでしょう。クラスターあたりの販売費用も低減し、細分化がパーソナライズにまで至った段階でも、われわれの顧客へのアプローチ・リコメンデーションは「○○さまに、ぜひお聞きいただきたい情報があります。」などとなります。その呼びかけを寒々しいものにしないためには、顧客一人ひとりをイメージした、誠意のあるワントゥーワンのプランニングが求められます。

究極のパーソナライズ・クラスター区分の例としては、担当者が一人ひとりの顧客の個人に向けて電子メールの文面を作って顧客の必要・好みに合わせた商品提案をしている通販ブランドもあります。もちろん顧客一人当たりのコストは大きく、現状では客単価の高い事業でのみ実施可能な施策です。このような人力パーソナライズのホスピタリティにどこまで近づけるかがアドテクノロジーの課題の一つです。

10 適切に設定されたメディアミクスで効率的に顧客を獲得する

「明日のチラシをご覧ください！」テレビCMがそう呼びかけるときには通販の「メディアミクス」が実施されています。メディアミクスは、一定の期間に顧客を大量に・効率的に獲得するために、複数の媒体種を組み合わせて設計された施策です。

テレビの15秒・30秒のスポットCMの直接にレスポンスをとらない媒体と、折込チラシ・ネットなどのレスポンス媒体を組み合わせるのが代表例です。レスポンスを獲得しない（CPOでは評価しない）媒体出稿は、商品の購入意向を喚起しながらレスポンス媒体への誘導を図る役割があります。購入

意向喚起・誘導媒体の出稿に合わせて、受け皿のレスポンス媒体が出稿されます。

次の表で紹介したメディアミックスのパターンは、いずれもレスポンスを必ずしも期待しない広告と、レスポンス広告との組み合わせになっています。図表6-4 c) の新聞広告＋新聞広告のメディアミックスは、成分の効能を啓蒙する成分広告とレスポンス広告が連動するもの。成分広告は商品名・フリーダイヤルのない広告で、薬事法の範囲で成分の効能エビデンスを啓蒙。新聞読者に啓けた効能認知を背景に、レスポンス広告で顧客を獲得します。管見の限りでは事例が少ないようですが、ネット広告でも同様の成分効能の啓蒙の仕組みが投入されています。

図表6-4　メディアミックス実施例

	a) テレビスポットCM＋レスポンス広告	b) ブランド広告・＋レスポンス広告	c) 新聞広告＋新聞広告
購入意向喚起誘導媒体	テレビスポットCM 15秒・30秒	テレビ番組提供や新聞広告によるブランド広告	素材効能を報告する商品名のない新聞広告
	倍数効果	倍数効果	倍数効果
レスポンス媒体	折込チラシを中心にネット・テレビインフォ新聞広告 など	期間中に出稿されるすべてのレスポンス広告	翌週以降に数回掲載する新聞のレスポンス広告
実施通販ブランド例	・世田谷自然食品 ・サントリーW ・やずや ・アスタリフト など	・再春館製薬所 ・山田養蜂場 ・健康家族 など	・カルピス ・雪印メグミルク など
想定KPI	全媒体合算の効率トータルCPO	半期・通年など中期レスポンス向上効果	出稿合算のトータルCPO

図表6-4 b）のブランド広告とレスポンス広告の組み合わせは、再春館製薬所に典型的なメディアミクス手法です。同社はレスポンスを取るテレビCM以外に、フリーダイヤル読み上げのない・レスポンスを期待しないテレビCMを投入しています。「ロングセラー広告」といわれるブランド広告は、その姿勢信条・商品の製法などを訴求し、レスポンス広告を支えます。

山田養蜂場が投入する新聞15段広告は、環境保護について、予防医学について、新聞の記事面よりも多い文字数で語り込みます。同社の真摯な姿勢は読者の信頼を醸成して、レスポンス広告での顧客獲得を支援しています。

「ぐるぐるグルコサミン」「やずや・やずや」などのフレーズで記憶に残るのが、a）のテレビスポットCM＋レスポンス広告のメディアミクス手法です。数日間から数週間程度までの期間で複数メディアを使ったキャンペーンが投入されます。相当な費用がかかりそうですが、投入エリアを選べば最低1回200〜300万円程度の媒体投資で実施できます。

テレビスポットCMの役割は「今日のチラシで」の直接的な誘導効果だけではありません。CMは商品の特性を、魅力的な動画表現で訴求して視聴者の「商品を買いたい気持ち」を喚起します。レスポンス広告に接触する時点で購入意向が喚起されているので、その顧客転換率・レスポンス率は高くなります。

このパターンのテレビCMはブランドに対するポジティブな記憶を蓄積するブランディングの役割も果たしますが、それは「副次的効果」としてKPI上では基本的には評価しません。テレビスポットCM＋レスポンス広告の主目的は当該期間内での効率的な顧客の獲得であり、中期的なブランド蓄積効果ではないからです。

顧客をレスポンス広告に注目せしめ、そのコンバージョン率を上げる。これがテレビCMの「倍数効果」です。経験を積んだ通販事業者や広告会社は、どれくらいのスポット量を投入すればどれくらいの倍数効果が得られるかが、ある程度はわかっています。倍数効果の目算がつけば、すなわちテレビCM‐レスポンス媒体への予算の割り振り・コストアロケーションの設定が可能で

図表6-5　テレビCM―レスポンス媒体倍数効果概念図

誘導媒体の投入量に比例して目標とするレスポンス倍数は増加していく。しかし経験的には誘導媒体の投入量が少なすぎると倍数効果は現れず、多すぎるとレスポンスの倍数が追いつかない。適切なスポット投入量を設定すれば目標倍数を上回るレスポンスが得られる。

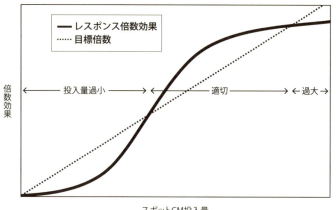

す。採算の見通しもなくテレビスポットCMがバラ撒かれているわけではありません。

　テレビスポットCMにネット広告だけを組み合わせたメディアミクスは、いまのところ目標のCPOに達しにくいようです。レスポンス媒体の到達の面で限界があるからです。ただ、若年層向けの育毛剤、アンファー・スカルプDのメディアミクスは、テレビスポットCMと自社のEC・店舗売り場の連動です。これからはメディアミクスのレスポンス媒体で、ネットの役割がいっそう大きくなっていきます。

　メディアミクスのキーとなる媒体は多くの場合、テレビCMです。そのプッシュ性から、興味のない人までも購入意向を高めて大量に潜在顧客を創造できる力はネットも含めて他媒体に代替性がありません。通販ではありま

せんがアップルやグーグル、楽天市場やYouTubeでさえサービス誘導のテレビCMを実施しています。おそらく今後10年程度であれば、テレビCMのポジションは変化がないでしょう。さまざまな組み合わせパターンが考慮されるにしても、通販事業がメディアミックスを構想する際に、テレビCMは採用の検討が欠かせないメディアです。

通販事業は、複数媒体を投入する際もCPOによる媒体効率評価を手放しません。その顧客・見込み顧客を獲得するのにいくらかかったのかという指標を必ずもちます。図表6-4 a) のテレビスポットCM、c) の成分広告などレスポンスを評価しない媒体も、期間中の全媒体費を合算して獲得顧客数で割ればCPOが計算できます。これは「トータルCPO」という考え方です。

誘導媒体含む総投入媒体費用 ÷ 獲得顧客数 ＝ トータルCPO

ブランド広告とレスポンス広告を組み合わせる図表6-4 b) のパターンでも、半期・年間ベースでトータルCPOを算出できます。レスポンスを取らないブランド広告も、エリア・時期の区分で投入／非投入時のトータルCPOの比較をすればその貢献の程度の評価が可能です。

再春館製薬所のブランド広告は年間の番組提供で投入しています。そのような長期にわたるメディミックスの評価は、レスポンス広告の出稿ごとの評価や短期のメディアミックスのトータルCPO評価と比べると効果測定の精度は落ちます。しかし総合的に効果があると判断される施策は投入すべきです。

「CPOで評価できない施策はやらない」そういう通販事業者もあり、それはそれで一つのスタンスです。ただ、計測の精度と効果の程度は等号では結べないものです。自社の事業規模で総合的に効果が高いと評価できる施策は、合理的な事業運営ならば導入を検討します。もちろん設定した予算の範囲で、前述したような評価で振り返りながら実施します。

11 通信販売のためのアトリビューション分析

　通信販売が媒体でアプローチするターゲットは、1回のレスポンス広告の接触で顧客転換するとは限りません。メディアミックスの節で説明したように、異なる媒体も含めて複数回の接触があった後に受注・申し込みが得られる場合があります。むしろ、こちらのほうが多いでしょう。

　通販事業がレスポンス・受注を得た際には必ず、どの媒体、どの出稿から受注したのかをデータで、インバウンドの聴取で取得します。これにより出稿した媒体の獲得効率を評価します。基本的に最終接触媒体のCPO評価を基準として媒体計画を立てていきます。

　ただ、このやり方では最終接触媒体以外のメディアがどれだけレスポンスに影響したのかがわからない。たとえば、バナー広告に接触した後、クリックには至らなかったが後に商品名検索してリスティングから顧客に展開した場合、リスティングのみが評価され、バナー広告のインプレッションは貢献しているかもしれないのにムダだったとされる。

　そこで受注が得られた最終的な接触媒体だけでなく、それまでに接触した媒体・タッチポイントを把握してその間接貢献を評価する。これにより効率的なメディアプランニングをしようとするのがアトリビューションの考え方です。

　アトリビューション分析は、接触・顧客転換経路のデータが得やすいネット広告の分野で広がっていますが、もちろんテレビ・新聞などオフラインメディアにも拡大していける、拡大すべき手法です。

　ネット以外の媒体、テレビ・新聞・チラシ・クチコミは、顧客転換にいたるまでの接触履歴が即時にはとれないので、アクセスのタイミングや調査データで補足します。

　図表6-6は、ダミーの数字の入った調査ベースでのアトリビューション分析例、注文までの接触経路のパターンとその構成比を示します。これを経路

図表6-6　オフライン媒体を含めたアトリビューション分析例

(%)

選択契機メディア	経由メディア・チャネル			注文方法	構成比
01) テレビCMインフォ	→		→	電話	20.9
02) テレビCMインフォ	商品名検索		→	注文ページ	14.4
03) チラシ・新聞広告	→		→	電話・ハガキ	14.4
04) テレビCMインフォ	ネット広告接触		→	注文ページ	6.6
05) クチコミ	商品名検索		→	注文ページ	5.2
06) カテゴリー関連語検索	商品名検索		→	注文ページ	4.8
07) ネット広告接触	→		→	注文ページ	4.7
08) テレビCMインフォ	カテゴリー関連語検索	関連情報サイト（・LP）		注文ページ	3.8
09) テレビCMインフォ	チラシ・新聞広告		→	電話・ハガキ	3.7
10) カテゴリー関連語検索	関連情報サイト（・LP）		→	注文ページ	3.3
11) クチコミ	チラシ・新聞広告		→	電話・ハガキ	2.3
12) クチコミ	ネット広告接触		→	注文ページ	1.9
13) クチコミ	カテゴリー関連語検索	関連情報サイト（・LP）		注文ページ	1.7
14) ネット広告接触	カテゴリー関連語検索	関連情報サイト（・LP）		注文ページ	1.7
15) クチコミ	テレビ		→	電話	1.3

(注)　数値はダミー

分析のグラフに展開すると、図表6-7のようになります。

　この表の、01)、03)、07) などは直接にコンバージョンが得られており、最終接触のCPO・CPAで評価可能な範囲です。一方、02) 経路のテレビCM、06) の関連語検索は、通常のCPO・CPA基準では見逃されがちなアシストの間接貢献を示しています。クチコミの影響が可視化できるのも取り柄です。

　このケースでは合計52.8％がネット経由の申し込み・受注になっていますが、図表6-7で見るとテレビCMがネットでの商品名検索を支援している様子がわかります。商品名検索から獲得した注文のうち14.4％がテレビCMか

図表6-7　アトリビューションマップ

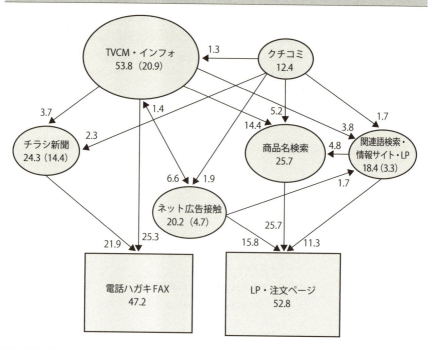

（注）数値はダミー。各チャネルの数字は接触率、カッコ内数字は他の媒体を経ずに直接注文に至った構成比

らの送り込みになっています。これらのアシストも含めた媒体の接触を把握して、予算の適切な再配分をおこなっていきます。

　さて、このアトリビューション分析は「CPO・CPA至上主義からの脱却」という文脈で語られる場合があります。しかしアトリビューションも顧客獲得効率の改善を目的に導入されるものです。間接貢献を含めた施策評価の最終審級は、やはりトータルのCPO・CPAおよび顧客獲得数になります。

　アトリビューション分析は、累積客単価の変数も含めたROIの向上にも役立てられます。ポイントサイトから採れた顧客の継続率は低く、それと比べ

て記事風広告を読み込んだ後にブランド名検索を経てコンバージョンした顧客は高い累積客単価が見込めます。そのため同じCPO目標を設定するのは適切ではありません。実測のLTVにもとづいて、アトリビューションで分析した経路ごとに各媒体で異なる目標CPOを設定すれば、事業の採算性を向上できます。

　その際の目標も、できるだけ効率良く新規顧客を獲得することに変わりはありません。アトリビューション分析によって可能になるのはいわば、より精度が向上したCPO至上主義です。

　レスポンスの獲得には、間接的に貢献している媒体があります。確かに最終注文媒体の効率評価だけでは不十分です。しかしメディアミクスやアトリビューションの考え方に基づいて媒体を企画するにせよ、いずれ目標は全体効率の向上。すなわちトータルCPOの改善です。

　通販事業は新規顧客獲得の局面において、さまざまな手法・技術を活用し、最終的にはCPO・トータルCPOで評価して媒体計画の最適化を進めていきます。総体としてさらに効率良く、もっと多数の顧客を獲得すべし。媒体プランニングに求める通販事業の要請は一貫しています。

12 通販事業は「エリア」をどう捉えるか

　媒体計画とかかわって、レスポンスと「エリア」の関係についても整理しましょう。

　一般にレスポンスにかかわる変数としては、たとえば図表6-8のようなものがあげられます。重回帰式を作るならば、各変数に係数をかけて足して目的変数であるレスポンス率を算出するものになります。

　通販事業は主にX1-X3の変数をコントロールしてレスポンス効率を向上さ

図表6-8　レスポンスにかかわる変数・式

X1. 商品・価格・売り方・オファー
X2. 媒体・ビークル（番組）・季節・曜日・時間
X3. 表現
X4. 投入エリア・エリア特性
X5. 同時期競合商品の出稿
X6. 出稿の日のニュース・天気・景気…

レスポンス率$Y = b1X1 + b2X2 + b3X3 + b4X4 + b5X5 + b6X6\cdots$

せようとします。すなわち、商品・媒体・表現について検討・開発・テストをおこなって、できるだけCPO・顧客獲得効率を良くします。

そのほか出稿日の天気などは相当にレスポンスを左右します。結果の総括の際にはそういう変数も見るのですが、天気に対してはほぼ手の打ちようがありません。操作可能な、コントローラブルな変数については徹底的に検討・分析して対応する。手の打ちようのない要因には手が打てないので、あまり考えない。これが基本です。

エリアは商品・媒体・表現などに次いで、それなりに係数の大きい、レスポンスにかかわりが大きい変数です。また新聞・テレビ・チラシ、最近ではネットでも、それぞれ区分の方法・可能な程度は異なりますがエリアを分けての投入ができます。つまりコントローラブルな変数の一つです。

通販事業での媒体エリア区分の利用法としてはたとえば、美白化粧品などシーズン特性の強い商品の顧客獲得の展開があります。そういう商品の場合は国内のエリアを区分し、列島の季節を追って順次投入して地域ごとの需要期を捉えていきます。

a) チラシエリアを区分できるGIS分析の有効性

チラシは、他の主要媒体ではありえない、町丁単位までの細かいエリア区分が可能です。またその範囲にあわせたエリアの属性データも利用できます。地域世帯の年齢構成・住宅の種類などが把握できる国勢調査のエリアメッシュデータを使って、チラシ配布の最適化を図るのがGIS（Geographic Information System：地理情報システム）折込チラシ分析です。システム会社、広告会社などから提供されています。

たとえば60代女性をターゲットにしている商品ならば、60代以上女性の比が高いエリアに絞ってチラシを入れればいい。これがGIS折込の基本的な考え方です。GIS分析は、チラシレスポンスの効率化にある程度は有効です。

ある程度といったのは二つの理由があります。GIS分析もまたアメリカのマーケティング・地理学由来のシステムです。アメリカは地域によって住民のライフスタイルが相当に違う（人種・所得差の大きさ）ので、GIS分析がはっきりと利きます。日本はこれと比べると均質性が高い社会なので、アメリカほどはGISが有効ではありません。中野区と世田谷区は住民のタイプがやや異なりますが、マンハッタンとブロンクスほどにタイプは違わないということです。ですから日本では、われわれの問題意識で言うと、エリアを絞り込んでもレスポンス率は急激には変わりません。

もう一つは日本は意外に狭いという理由です。CPO想定が10,000円で、チラシを使って1万人の新規顧客を獲得しようとする場合、2,000万枚のチラシを撒かなければなりません。重複のない2,000万枚の到達世帯は、全国世帯の約四割になります。エリア住民の属性を選んで10-20％にまで絞り込んだ世帯ならレスポンスの違いが出るかもしれません。しかし40％もの世帯に配布するのでは、撒かなかった世帯との属性の差は小さくなってしまいます。

自社の商品にGISがどの程度有効か検証するためには、エリアによる顧客シェアの違いをチェックします。一定期間の既存顧客の郵便番号あたり顧客数などと世帯数データをつき合わせて、地区ごとの顧客シェアを上位から並

べてみます。現実的な配布規模になる世帯数をとった上位エリアの平均顧客シェアが、全体平均顧客シェアよりも相当に高いのであればGISが有効です。

　10億円・20億円以上の規模をめざし、チラシで数万人単位の顧客を獲得せんとする通販事業にとっては、一般的にはGISの恩恵はあまり大きくないといえそうです。細かくエリアを選んでいては事業は成長できないともいえます。

b) エリアコミュニケーションの最適化へ

　もう少し大づかみに地域を把握してみましょう。新規顧客獲得の主力のうちテレビ・新聞の二つの媒体は、全国を数十個のエリアに区分して投入できる仕組みになっています。

　「〇〇県はレスポンスが弱い」「〇〇エリアは何をやっても売れる」。通販事業を何年か手がけている企業にお話を伺うと、そういうエリア評価をよく聞きます。それが不思議なことに通販事業によって、それぞれ違う県の名前があがります。多くの通販事業でそれぞれに「得意エリア」と「不得意エリア」ができる。なぜそうなるのか。

　効率が良かったエリアは何度もレスポンス広告が投入されブランドの蓄積効果で潜在需要が形成されます。育成された潜在需要があるので、そのエリアではレスポンスが良い。だからまた投入される。好循環スパイラルの「得意エリア」ができます。逆に「不得意エリア」では、テスト・レスポンスが良くない→不投入→潜在需要が育たない→レスポンスが悪いという負のスパイラルが巡ります。

　これを避けるためには、図表6-9で示したようなエリア分析と、重点的なエリアの投資配分シナリオが必要です。数万単位のリストが蓄積されていれば、エリア世帯シェアのデータを実践的に利用した得意エリア／不得意エリアの分析が可能です。

　エリアごとの対応は、短期的には成長途上・好循環地区で顧客獲得を稼ぎ

図表6-9　得意エリア／不得意エリア最適化分析

エリアの世帯数で事業累積の獲得顧客数を割ったのが「累積顧客化シェア」、直近1年間の顧客獲得数を割ったのが「直近顧客化シェア」。二つの数字でエリアをマッピングしてこのグラフになる。円の大きさはエリア世帯数。このダミーデータでは北部九州地区では、たくさん顧客を採っていたが最近は媒体投入を怠っている。中京はこれまでの顧客は少ないが最近採れている。関東は手がつけられておらずココでの展開が成長のカギであると把握できる。

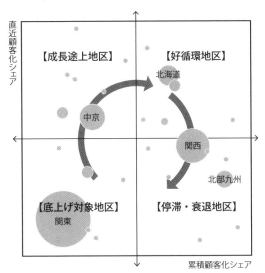

ます。底上げ対象になる不得意エリアでは、顧客を獲得しながら潜在需要の形成を図る必要があります。そのエリアで効率的にアプローチできる媒体・レスポンスの取れそうな表現を探って、中期的な視点で取り組んでいきます。

　通販事業の「成長の壁」の一つはエリアの壁です。エリアによるレスポンスの違いはもちろんあります。しかし不得意エリアを不得意と決め込んでは成長は止まります。まして投入コミュニケーション量の偏り・負のスパイラルが原因で大きなマーケットを捨ててしまうのは損です。エリアマーケティングに取り組んで、弱い地域を好循環の「得意エリア」に変えていく通販事業は成長可能性が増していきます。

13　効率的な媒体計画の策定へ

　通販事業を計画している段階では投資額の数字に目がいきがちで、CPOや年客単価は紙の上の数字にしか見えないかもしれません。ですが初回のテスト出稿以降に投入を重ねて顧客数が増えていくにつれ、CPO・年客単価のもつ意味が身に沁みてわかってきます。レスポンスの効率について、さらに事業の採算について切実に感じられるようになってきます。

　そこで出稿ごとの実績・効率評価の表を整理します。そこから媒体計画が始まります。たいていの通販管理システム・ASPで媒体出稿評価のなんらかの帳票の出力は可能ですが、出稿回数が少ない時点では手元のExcelの表で作ってみるのもムダな作業ではありません。

　出稿管理表の代表的な項目は、事業内容に合わせてこれらの項目を表頭におき、出稿ごとの行を追加していくシートを作ります（図表6-10）。

　ここまでの記述でも示したように、媒体の評価基準はCPOです。ただネットのアフィリエイトからの流入客や、本品9割引きなど強い値引きで獲得した顧客の継続率の低さは容易に想像できます。CPOは良くともLTVが良くない。実際にも媒体・売り方によって、獲得した顧客のその後の継続率・累積客単価は相当に違います。

　この点からネットは、またはテレビは、獲得できる客層の質が悪いから出稿は止めたほうがよいなどの判断・指針もあるようですが、必ずしも正解ではありません。特定の媒体の累積客単価が他媒体より少なければ、そのLTVで採算が取れるように目標CPOを設定します。

　実務的には獲得からある程度の期間が経過した顧客が十分に蓄積された時点で、媒体・売り方別の見込みの客単価からそれぞれの目標CPOを設定します。その際、媒体×売り方の掛け算で計算上は数多くのCPO目標設定ができてしまいます。KPIの数があまり多いと媒体出稿管理・計画が煩雑になりま

図表6-10　出稿管理表項目例

01）出稿タイトル
02）出稿タイミング
03）ビークル・コンテンツ種
04）媒体
05）CRパターン
06）売り方・プロモーション種
07）期間累積出稿回数
08）獲得顧客数
09）受注単価
10）レスポンス率
11）CPO/CPR
12）本品・定期転換数
13）本品・定期転換率・CVR
14）（90日・180日後見込累積客単価）
15）（90日・180日後見込MR）

す。また同じ媒体・売り方でも投入ごとにCPO・LTVはバラつきがあるので、100円以下の刻みで数多くの目標CPOを設定しても実りがありません。累積客単価が同レベルの媒体・売り方をまとめて、いくつかの目標CPOを設定するのが実践的でしょう。

　累積顧客数が少なく媒体・売り方種別の累積客単価が十分に検証されていない時点や、種別のLTVに大きな違いがない場合は、まずは経過月後の実績・見込のMR（第3章07）などの項目を出稿管理表に設定して、計画時に参照します。

さて、この出稿管理表に整理したレスポンス効率の実績を見ながら次の出稿計画を立てていきます。実績データからは、たとえば次のような分析ができます。
　期間合計2,000万円・20媒体で1,366人の新規顧客を獲得した出稿をCPOの効率上位から順に並べて、上位累計の数字を計算しています。要はABC分析です。目標CPOが10,000円だとすると、端的に合格点が出せる出稿媒体はM01〜M06まで。M01-03はもちろん、M04は8,000円台で獲得数も稼いでいますので、出稿頻度に気をつけつつ来期は増加させたい媒体です。
　ただし下位媒体を単に切り捨てて良いわけではありません。M01-06で獲得した顧客数は全体の47％です。当期の媒体がM01-06だけだったとしたら、効率は良くなりますが、獲得顧客数は半分になっていました。
　もう少し下のほう、M12の出稿はCPOでは18,421円ですが、上位累計CPOの数字を見ると10,000円以内に収まっています。事業採算上、ペイラインに乗っているのはM12までと捉えられます。M12までの顧客数を足せば73％、全体の4分の3近くを獲得しています。
　もちろんCPOは良いに越したことはありません。CPO上位の媒体が出稿枠・出稿頻度に余裕があり、まだ増やせるのならばそこに集中して所定の顧客数を獲得します。しかし期間内・累積の出稿回数が増えるにつれて、一般に媒体の顧客獲得の効率は低減していきます。ある商品のテレビインフォマーシャルで特定の韓国ドラマのCPOが良いとしても、毎日続けて出稿すれば獲得効率は悪くなっていきます。出稿が限界に近い場合は、個別出稿では目標を割る媒体からも選択することになります。実際の媒体計画でも効率が特に良い媒体と、目標CPOに達しない見込みの媒体を組み合わせ、新規顧客数を稼ぎながらトータルでの目標CPOをめざす場合が多いようです。
　効率性と同時に、新規顧客数の拡大は成長の必須条件です。事業の持続的な成長のためには個別出稿のレスポンス効率だけではなく、獲得顧客数・平均の獲得効率に注目して媒体計画を立てていきます。

図表6-11　効率上位累計分析

No.	媒体費（円）	顧客獲得数（人）	CPO（円）	上位累計CPO（円）	上位累計獲得率	上位累計媒体率
M01	708,000	181	3,914	3,914	13%	4%
M02	392,000	79	4,976	4,236	19%	6%
M03	76,000	9	8,106	4,371	20%	6%
M04	1,457,000	181	8,044	5,849	33%	13%
M05	673,000	78	8,652	6,262	39%	17%
M06	1,120,000	120	9,320	6,829	47%	22%
M07	729,000	57	12,835	7,313	52%	26%
M08	675,000	44	15,253	7,782	55%	29%
M09	2,112,000	138	15,306	8,952	65%	40%
M10	655,000	37	17,801	9,304	68%	43%
M11	286,000	16	18,386	9,455	69%	44%
M12	1,112,000	60	18,421	9,996	73%	50%
M13	115,000	5	21,636	10,058	74%	51%
M14	2,014,000	88	22,849	11,089	80%	61%
M15	969,000	42	23,041	11,532	83%	65%
M16	337,000	14	23,833	11,683	84%	67%
M17	2,014,000	80	25,302	12,565	90%	77%
M18	2,422,000	77	31,552	13,681	96%	89%
M19	773,000	23	33,391	14,024	97%	93%
M20	1,361,000	37	36,929	14,642	100%	100%
計	20,000,000	1,366	14,642	14,642	100%	100%

（注）数値はダミー

第6章　［媒体設計］適切な媒体選択で成長性を確保する

第7章
［表現開発］
レスポンスを左右する広告表現

　商品・価格を与件とすれば、通販事業が操作する変数のなかでもっともレスポンス効率の改善に影響が大きいのは広告表現です。

　広告表現の違いによっては、うまくすると10倍近い反応の違いがでてしまいます。10倍のレスポンス率の違いは、新規顧客の一人を獲得するCPOが10,000円かかるか、1,000円ですむかという違いです。媒体の選択・設計を工夫しても通常これほどの違いはでません。

　レスポンスの効率・CPOを、さらに事業採算を左右するレスポンス広告の表現の開発をどう進めていけばよいのか、本章で検討します。

01　一般的な広告と通販の広告の違い

　百貨店やコンビニで売られる店頭販売商品の一般的な広告の表現と、通販のレスポンス広告の表現は一見してずいぶん違います。0120のフリーダイヤルの表記が必ずある、注文ボタンがある。それだけでなく基本的な成りたち・あり方が異なります。

　レスポンス広告の表現が、一般的な広告表現とどう異なるのか、役割・目標・KPIについて説明しましょう。

a）レスポンス広告表現は役割の範囲が違う

　通販事業各社の表現チェックをしていると、レスポンス広告になっていないレスポンス広告に出くわすことがあります。店販商品の広告に、ただフリーダイヤル・価格の提示がぶら下がっているだけのもの。商品を、いま・ここで買うべき理由が何も示されていない。アクションへと動機づける要素がまるでない。当然、レスポンスがほぼないであろう結果が容易に想像できます。

　こういう広告が出稿されてしまうのは、クライアント担当者・広告会社の営業・制作したクリエイターの三者すべてが、通販事業にかかわった経験がなかったせいだと思われます。

　店販商品のコミュニケーションでいえば、テレビCM・ショウウィンドウが商品のバリュー感を表現し、ネットや販売員が商品理解を促進、折込チラシではキャンペーンを告知、店頭のPOP・プライスカードで価格訴求も含めて購買の動機づけを行います。購買に誘導する役割を各メディア・各接触機会が分掌して担っています。

　これと異なり通販事業が投入する広告はレスポンスを取る広告なので、欲求を駆動したうえに、その場で購買行動にまで転換する役割を負います。で

すからCMからプライスカードまでの要素・機能を一つの広告表現に収めなければなりません。

　店販商品の一般的な広告とレスポンス広告は相当に違う。もちろん重複する部分も大きいのですが、作り方・出来上がりも、何より役割の範囲が違うと認識したうえでレスポンス広告の表現開発にあたります。

b）レスポンス広告表現は目標・KPIが違う

　もちろん広告は企業のマーケティング活動のツールなので、一般的な広告もレスポンス広告も、最終的には事業収益の向上を目的としています。

　しかし一般の広告は事業収益とのあいだに広告だけではコントロールできない流通営業・条件・配荷・フェイス・販促活動など他の要因がかかわっています。また投入した個々の広告表現との接触と商品購買の関係を、一意に（同一の消費者・シングルソースで）特定するのはコスト的にも困難です。そこで一般的な広告表現は、ブランドの認知・理解の獲得・印象形成など購買以前の段階を目標として開発されます。

　ネット・モバイルを始めとしてメディア環境は変化し、それを前提としたアドテクノロジーも進化してきました。以前と比べると広告と購買・売上・利益の入出力関係はやや見通しが良くなっています。ただ現在もまだ、個々の広告投資のROIを把握できる段階には至っていません。そのため一般的な広告は、事業収益に直接にはつながらない中間目標・中間指標である認知率・検索数などの数字を主な評価KPIとします。

　一方でレスポンス広告はCPO・LTVという事業採算に決定的にかかわるKPIを直接的な目標として表現が開発されます。開発した表現・媒体を投入すれば、その投資効率は即座に判明します。だから制作した広告表現がCPO目標に到達しなければ損、到達すれば儲かったと評価されることになります。

　レスポンス広告の表現に関するテクニカルターム（というかスラング）で「勝ちパターン」ということばがあります。もちろんそれはレスポンス効率が

良い広告表現を指します。レスポンス広告の表現は、「勝ち／負け」がはっきり表れます。

　レスポンスの上がらない広告表現は、生産性が良くない製造担当、売上のない営業担当と同様の評価になります。成果が数字で表れるので、開発の担当者は言い逃れができません。これはクリエイターを始め広告の表現にかかわる各段階の担当者にとって、責任の大きい・楽ではない評価環境でしょう。逆に開発した広告表現が消費者の気持ちを動かして行動を起こせば、その貢献もまたKPIで評価されます。

　消費者の心を、表現の力で動かし行動を惹起したい。自分が担当する事業の収益に貢献したい。そう思わない広告担当者・クリエイターはいないはずです。そういう志向をもつものにとってレスポンス広告の表現開発は、とてもわかりやすく・やりがいのある仕事です。

02　広告表現の発注者が留意すべき点

　この本の読者には実際に表現を制作する役割ではない方も多いでしょう。広告の企画には各段階の担当者がかかわりますが、通常は広告表現はクリエイターが手を動かして制作します。そういう意味では通販事業者は広告表現の発注者の立場になります。その立場で留意すべき点をいくつかあげておきます。

a）どんな商品でも売れる万能の表現手法はない

　新商品の表現開発をする際には、広義に競合する商品の広告を集めて研究します。多数の表現を見比べると、同じような商品で同じように電話・注文ボタン・ハガキ送付でのレスポンスに誘導していても、表現のバリエーションは無数にあると実感します。

なかには1回の出稿で消えていくものもありますが、継続した出稿のある広告表現は、その通販事業の目標CPOに達しているはずです。そういう「勝ちパターン」の広告でもレスポンスを得るための表現の手法、パターンは千差万別です。

　この事実から、レスポンスを得るための表現手法は一つではないとわかります。同時に、レスポンス広告の「万能の表現メソッド」が存在しないことも判明します。

　すべてのレスポンス広告は顧客獲得効率の向上を目標に制作されます。また広告の表現は、広告ですから原理的に公開されています。あらゆる商品で最大限のレスポンスを引き出す万能の表現法が仮にあるとすれば、すべてのレスポンス広告の表現はその表現法にしだいに収束していくはずです。しかし実際にはそうなっていない。投入されている広告表現には無数のバリエーションがあるのですから万能の表現メソッドは存在しません。

　通販事業の担当者にレスポンスの取れる表現の「必勝法」はないかと聞かれることがあります。ただ上記の事情から、万能の必勝法はなさそうです。レスポンス広告の制作もまたクリエイティブ、クリエイティブとはそれまでなかったものを初めて作り出す"創造"の作業ですから、フォーマット・メソッドによって自動的に生成されるものではありません。

　「必勝法」にもっとも近い方法はあります。まず経験のあるクリエイター・プランナーを起用します。競合の表現を眺めながら、個々の商品と顧客に向かい合って彼らとともに研究する。アイディアを出し、手を動かして制作した表現をテストする。そのような方法こそが効率の良いレスポンス広告を開発する近道です。

b) 通販事業者の思い通りにつくれば売れるとは限らない

　レスポンス広告が提案される際、企画担当・クリエイターはこの表現が売れるであろう理由を熱心に説明します。過去のデータ、注目喚起力のある

キャッチコピー、アクセス誘導の導線、調査で得た消費者意識、制作の実績など。それを聞きながら通販事業の担当者の側は内心、「そうかもしれないけど、結局は売ってみないとわからないよね」と思います。その通り、表現の勝ち負けは市場投入によって決します。過去のデータや実績・経験は、売れる"かもしれない"理由ではあっても目標CPOに到達する保証にはならない。ただ通販事業者の側にも同じことがいえます。

　通販事業者は広告会社やクリエイターよりもはるかに商品について知識があり、顧客の反応・声を聞いています。もとより表現の成否の責を最終的に負うのは外部のクリエイターではなく通販事業者です。真剣に企画にあたらざるを得ません。その立場からレスポンス広告の企画に方針を示し、提案された表現のコピーほか各要素にダメを出して修正を指示します。

　広告主とはそういう立場ですし、より商品が売れるためにも広告表現への指示は必要です。ただし通販事業者の思い通りの広告表現が必ず売れるとは限りません。レスポンスを決めるのは消費者であり、その反応は広告表現の出稿で初めて明らかになるからです。

c）レスポンス広告は複数の表現パターンを投入できる

　レスポンス広告に携わる誠実なクリエイターは、何よりも顧客からの受注の獲得を目標に、商品を買うべきターゲットの顔を思い浮かべながらアイディアを出して表現を開発しています。

　しかし通販事業者の表現に対する要件・方針指示が強すぎると、クリエイターは担当する商品の販売ではなく、クライアントのOKの獲得を目標に制作するようになってしまいます。消費者の顔ではなく、クライアントである通販事業者の顔色をうかがって仕事するようになれば、レスポンス効率にとってマイナスに働きます。

　売れる広告表現開発のためには通販事業者の指示は不可欠です。一方でクリエイターに対して表現を型にはめる指示が過ぎれば、売れる表現の可能性

を阻害しかねない、ここにジレンマがあります。

　ありがたいことにレスポンス広告では多くの場合、複数の表現パターンを投入できます。(本章08) 上記のようなジレンマを避けるためには、通販事業者の思い通りの案だけでなく、企画者・クリエイターのアイディアを生かした案を含めて複数パターンの出稿を検討します。

　商品・顧客を知悉する通販事業者の企画による表現案と、経験のあるクリエイターが自信をもって投入する表現。複数の有力な表現パターンが競えば、顧客獲得効率の向上はいっそう期待できます。

03　基本的な構成をどう開発するか

　レスポンス広告表現の基本構成・構造の開発法には、いくつかの手法が紹介されています。AIDMA・AIDA・AISAS・PASONA・QUESTなど。それぞれのモデルは購買行動にいたる広告接触者の心の動き、またはそのプロセスに誘導するコミュニケーション設計・広告表現の要素の構造を示します。ここではレスポンス広告の表現開発の視点から整理しています。

　AIDMA・AIDAは伝統的な消費者心理プロセスモデルです。たいていの広告・マーケティングの教科書に説明がある古典のモデルですが、いまも適用可能です。AIDAは、新聞五段やシンプルなチラシのオモテ面構成の開発時に参照できます。たとえば「シミ（大きな級数で）」→「新成分○○が解決」→「1,000万個の実績」→「今なら半額」という具合です。

　PASONA・QUESTは、もっと広告表現開発寄りのモデルです。PASONAは化粧品・健康食品の「悩み解決型」商品の広告表現開発に適しています。「シミにお悩みの方へ」の問題提起にスタートして「ほっておくと広がるシミ」で問題を提起、「今なら3,000名様」の限定煽りから購買に誘導します。短尺インフォマーシャルやランディングページではこのフレームを適用しやすい

図表7-1 各種心理プロセス-コミュニケーション開発モデル

01) AIDMA:Attention・Interest・Desire・Motive・Action
　　注目喚起　→興味喚起　→購買意向喚起　→動機づけ　→行動転換
02) AIDA:Attention・Interest・Desire・Action
　　注目喚起　→興味喚起　→欲求充足保証　→行動転換
03) PASONA:Problem・Agitation・Solution・Narrow down・Action
　　問題提起　→問題煽り　→解決策提示　→限定煽り　→行動転換
04) QUEST:Qualify・Understand・Educate・Stimulate・Transition
　　宣言・約束　→理解・共感　→教育・説得　→購買煽り　→行動転換

でしょう。

　QUESTはもう少し穏健で汎用性が高い開発モデルで、新聞15段やネットの記事体広告などコピーが長い媒体では使いやすい枠組みです。

　ただ、これらのモデルを必須の前提として実際のレスポンス広告が開発されているわけではありません。ランディングページを制作する、平面広告のサムネール（設計図）を引く企画・制作のスタッフたちは、こういうモデルの存在を知らずに売れるレスポンス広告を開発していたりします。

　レスポンス広告の開発にとってモデルは、いわば「モノサシ」に近いものと捉えたほうが実情に近いかもしれません。開発モデル以前に広告表現は企画され、開発モデルのモノサシでチェックして仕上げられます。

　もちろん最初から開発モデルを骨組みとしたレスポンス広告を開発することもできます。しかしそうするとレスポンスを獲得する広告表現の可能性を狭めるリスクもあります。モデルありきではなく、この商品を売るためには何を表現するべきかを考えて制作を進めたうえで、適用できそうなモデルを選んで、検証・再構成する際にモデルを利用します。

04 広告表現要素の機能・開発のチェックポイント

　図表7-2はレスポンスを目標とする広告表現の全体、または表現の各要素が果たすべき役割・機能が示されています。必ずしもAIDMAのような時系列の心理プロセスモデルではなく、レスポンス広告開発の経験のなかで筆者が整理しているものです。

　レスポンス広告表現に七つの役割・機能のすべてが必須というわけではありません。商品・媒体によって使い分けられます。この「七つの機能」はレスポンス広告の各要素を開発する際のヒントとして、また広告表現全体をチェックする際に参照されます。表現チェックの際には「〜ができているか」という視点で用います。

01) 注目喚起

　最初の「注目喚起」はターゲットの目を留めさせる機能です。ぼんやり眺めるテレビ、忙しくめくられるチラシ、視野の隅に現れたバナー、媒体の到達しているオーディエンスに広告に意識を向けさせ精読に誘導しなければなりません。

　広告に「無料」の文字が大きく示してあれば、ちょっと目を惹きます。最初に「シミ」とあればシミに悩む人が目を留めます。「商品シズル」のビジュアルで注目させる手もあります。見るものに問いかける「なぞかけ」も有効な手法でしょう。このように、七つのポイントの2)-7)のいずれかの要素が注目喚起の役割を果たすように表現を設計します。バナーはほぼ注目喚起の要素だけで開発されます。

02) 便益提示・03) 解決提示

　「便益提示」は、悩み解決型の商品であれば不足・ニーズ・問題・症状の訴

図表7-2　レスポンス広告表現要素「七つの機能」

01）注目喚起：ターゲットの広告注目の獲得
　　　　目を留めさせる・広告に注目させる。
02）便益提示：便益（不足・問題）の提示・提起
　　　　何をもたらしてくれるのか・何の問題を解決するのかを示す。
03）解決提示：商品（充足・解決）の提示
　　　　何がその便益をもたらすのかを示す。その魅力を表現する。
04）便益保証：この商品がその便益を提供できる理由の説明
　　　　なぜその便益を提供できるのか、理由を説明し納得させる。
05）信頼保証：この商品・提供者・広告が信用できる保証
　　　　この説明が本当である・信じられる理由を示す。信用させる。
06）購買誘導：行動への誘いかけ
　　　　説明を聞くだけでなく行動に移すよう直接促す。誘う。
07）動機付け：いま・ここで買うべき理由の提示
　　　　オファー（第8章04）でアクセスに転換する。

求になります。ビフォー・アフターを段階を追って示せるなら、PASONA風に問題提起のステップで深刻化を図る煽りも加えられます。

「便益提示」と「解決提示」は連続して示されます。たとえば「○○に真剣に向き合う方に、○○が応えます」という流れです。

便益（問題）提示と解決（商品）提示は二つの役割を一つの要素でやれる場合もあります。うまそうな「食品シズル」や「○○で毎日を元気に」などはその例です。美しいふっくらとした「肌シズル」に軽く指を添えれば、提供便益とその充足を同時に表現できます。

購買動機づけや商品のスペック説明に大きく尺・スペースを取るあまり、

提供する便益がわかりにくい、わからないレスポンス広告は意外に多く見られます。商品の提供便益のわかりやすさと便益の魅力の表現は、レスポンス広告表現の重要なチェックポイントです。

04) 便益保証

便益提示があっても「便益保証」がない表現もよく見かけます。「シミに効く」「おいしい」を強く訴求しながら、なぜそうなるのか、効く理由・おいしい理由が示されていない広告です。

ターゲットにとってその便益は望まれているものです。ただ、商品がその便益を提供できる理由に納得しなければ行動には移せません。おいしい・元気になる・キレイになれる、広告がいくら大声で叫んでも納得は得られない。「シミはなくしたいけど、どうしてこの商品でシミが消えるの？」という疑問が起これば商品への興味は失せていきます。

サンプル提供や低価格の商品であれば、便益提示→購買動機づけのステップだけで、広告表現に便益保証などの機能がなくとも売れる場合もあります。そうではない商品は、「○○が角質層の奥にまで浸透するから」「新開発の○○製法だから」「○○が作ったから」「○○に加えて○○を配合」など便益の保証、効く理由が必要です。

また商品にこだわりのある提供者の広告に多いのですが、商品特性の説明がなされていても、それが便益の保証になっていない広告も見かけます。商品の特徴について説明する際は、それがターゲットにとってのメリットに感じられるように表現します。

05) 信頼保証

便益がわかって便益が提供できる理由を説明されても、その説明自体が本当のことであるかどうかターゲットにはわかりません。われわれの日常生活での広告への接し方もそうですが、広告の売り文句はまずは疑われます。特

に通販は商品を手に取れませんし、目の前で説明してくれる人もいない。そのため、レスポンス広告の表現には「信頼保証」が求められます。

テレビインフォマーシャルでとりわけ効く信頼保証の要素は「体験談」です。便益提示・便益保証に続いて「これ、使ってみたら違ったんです」「ほら、もう○○って感じで！」といったリアルなユーザーの証言があれば、疑い深い人にも「もしかすると本当かもしれない」という印象を与えます。

また、ブランド訴求要素は信頼保証効果があります。その名が知られていないブランドでも効き目はあります。提供者の信条・その顔・来歴・根拠地風景・商品と顧客への思いなどを示せば、「あながちでまかせを言ってるわけではなさそうだ」と広告内容の信頼性を高めることができます。

広告表現全体の「トーン」が相当に信頼保証に影響する点は見逃せません。ブランドの作法・VIに従って、また商品にふさわしいデザイン・レイアウトでレスポンス広告を表現すれば訴求の信用は増します（第5章）。

06）購買誘導

レスポンス広告は全体として購買誘導を図るのですが、表現を構成する要素の一つとして、商品説明・説得と売り場をブリッジする「購買誘導」の役割の要素が要請されます。

新聞広告では売り場パートの直前に「この○○をぜひお届けしたいから」「試されてはどうでしょうか」などのコピーが入ります。元気にやるなら「さあ、今すぐ」。インフォマーシャルではナレーションで「あなたもいかがでしょう」とオーディエンスに呼びかけます。

このひと押しがないと「広告パート」「売り場パート」の分かれ目での離脱を招いてしまいます。購買誘導の一言を入れておけば売り場への移行は格段にスムーズになります。

前節で説明したいくつかのモデルや「七つの機能」は開発時だけでなく、競合のレスポンス広告を研究するときにも用います。

他社のレスポンス広告を参照するのは自社の表現開発に必須です。しかし単なる真似はマズいだけでなく本家を超えることができません。売れている広告の、売れている理由のエッセンスを参照できるように分析的な把握をやっておくべきです。

　気になる・レスポンスが良さげな広告表現を見かけたら、モデルのモノサシを当ててみます。レスポンス広告の具体的な表現の、どの要素がどんな効果をもってレスポンスに誘導しているかを考えながら眺めていきます。「なるほど、ここで便益を提示して、この要素が保証し、このように煽って買わせているわけか」。

　それは、できあがっている表現から企画・開発意図を考えて設計図を想定するいわば「リバースエンジニアリング」的な作業です。

05　広告表現要素の材料収集

　広告表現の骨組み・構成の考え方については前節までに説明しました。ここではそこに組み込む「材料」について説明します。

a) 製造・素材・原料の川上に取材する

　自社の企画によるもの、さらには製造までも手がけていれば、通販事業の担当者は、自社の商品について十分な知識があるでしょう。しかし改めて素材・原料の仕入先に取材すると、広告表現に使える話が新たに収集できる可能性があります。

　新たな商品で通販広告の開発に取り組む際に筆者は、できれば製造担当者への聞き取りや現場の取材をさせていただくようにしています。原料の仕入先・産地におもむくことも厭いません。商品や原材料を加工・生産する現場には、情熱のある関係者・商品へのこだわり・苦心談があります。原料産地

の風土・美しい光景にも触れられます。

　商品にかかわっている人には当たり前の話でも、消費者にとっては目新しい・価値ある・質感のある発見と捉えられる材料かもしれません。

　川上への取材内容は、新規顧客を獲得するレスポンス広告では使えなかったとしても、ブランドブックやリーフレットなどのリテンションツールを開発する際に生きてきます。

b）顧客に話を聞く

　新規顧客獲得の表現開発のためには、既存のお客さまに話を聞くのが有効です。現に商品を買って使っていただいているのですから、買った理由・使っている理由があるはずです。さらに他の商品との比較、なぜ他の商品を選ばなかったのか、他の商品から移行したのかなど、レスポンス広告の材料・開発視点に適用できます。

　買う際に躊躇した要因、使っていて悩んだ・困った話が聞ければ、前者はレスポンス広告の開発に、後者は商品開発および次章で説明するリテンション開発に使えます。

　何人かの顧客と顔を合わせて話を聞くうちに、自社商品の顧客のタイプや暮らし方も見えてきます。その経験は、どういう話し方でターゲットに語りかけていけば良いのか、レスポンス広告・ブランドコミュニケーションのトーンの設定に役立ちます。

　ただ顧客へのヒアリングは、いくらがんばっても会える数に限りがあります。わざわざ時間を割いて会ってくださる顧客には偏りもあります。アンケート調査を併用して修正をかける必要もあるでしょう。

　そういう限界はありつつも、ふだんは媒体・通信回線の向こうにいる顧客と直接に向かい合う機会は、通販事業の運営総体に貢献するはずです。

06　表現の「切り口」のバリエーション例

　レスポンス広告開発の打合せのなかで「この商品の特徴、売れそうなポイントはわかったんだけど、"切り口"はどうしよう」などという会話が交わされます。

　レスポンスに貢献する要素を組み合わせていくうえで、商品を買わせる・注目を獲得するための表現手法・構成手法・ギミック・アイディアが"切り口"ということばで示されているようです。

　第1章に示したように本書では、通信販売事業に振り返りの機会を作るために、できる限り根拠を示しながら検討を進めています。しかしこの節で紹介する切り口例は個々の検討はなく列挙されます。表現を強力にするアイディア・クリエイティブは必ずしも理屈から導き出されるのではなく、ひらめき・創造されるものでもあるからです。

　図表7-3は筆者が日々の広告表現開発作業で更新しながらアンチョコ的に参照している覚書の一部。古いもの・新しいものが混在し、またメインの訴求ではなくサブ訴求で使うべき小ネタも含まれます。開発するレスポンス広告のヒント、ひらめきの踏み台となるべく示しました。

図表7-3　レスポンス広告「切り口」例

01）名指し。呼びかける。「60代」「〜に困っている方に。」
02）症状をそのまま。「シミ」「乾燥による小ジワ・たるみ」
03）既存商品への不満。「今の○○で満足していますか？」
04）既存商品への疑問。「○○で充分でしょうか？」
05）欲求をそのまま表示。「潤いたい」「太りたくない」
06）便益をそのまま示す。「発毛を促進」「シミを防止」

07）成功像の提示。この商品でこうなる！ の表現。
08）使用感・効能を擬音で。「もっちり」「ふわふわ」
09）売れている実績。「ナンバーワン！」「500万本」
10）数字で評価を示す。「98％が〜」
11）実感ワード。「すごい!」「ぜんぜん違うの」「涙出そう」
12）本当の自分を取り戻す。本来の姿を取り戻す。
13）売り手についてなぞかけする。「なぜお届けするのか」
14）商品についてなぞかけする。「なぜ○○なのでしょう」
15）3行体験談。短い体験談をいくつも。実感ワードの手書きも。
16）既存商品"ではない"ことを強調する。「いいえ○○です」
17）いましかない。まだ大丈夫。「間に合わない」「あきらめないで」
18）人生を支える。「出会わなければ人生どうなっていたことか」
19）人生を変える。「人生感が変わるかもしれません」
20）提供者の商品への想いを。「どうしてもお届けしたかった」
21）汎用注意喚起1「知らないではすまされない」
22）汎用注意喚起2「その場しのぎではすまされない」
23）唯一・ユニーク。「〜だけの」「〜にしかできない」
24）運命・未来を示唆する。「10年後どうなっているか」
25）実感までの期間。「1週間で実感へ」「30日間プログラム」
26）競合成分を並べる。「ヒアルロン酸・コラーゲン、そして○○」
27）使用性便益を。「三つが一つに」「飲みやすい○○」「30秒で」
28）真剣に向き合ってみる。「〜に真剣に向き合う方に」
29）「わかっていましたが、これまで誰も成功しませんでした」
30）お客さまの声を聞いて開発したことを示す。
31）手放せない。「もう手放せません」
32）開発秘話。商品化過程をストーリー仕立てにする。
33）デメリットをメリットとして捉えなおして語る。

34) 孫を使う。写真・コピー。「おばあちゃん、〜」
35) 関係が薄くとも食べ物のビジュアルを並べてみる。注目率向上。
36) 希少性。「年に一度、○○でしか採れない」
37) 権威の力を借りる。先生を使う。
38) 産地風景・生産者の顔を示し、信頼・産直感を表現する。
39) 忘れる・戦う・支える・はたらく。
40) 最上級表現。「○○史上最高」
41) 謝る。「申し訳ありません、〜」
42) 新語。作用や成分に新語を使う。「○○効果」「新開発○○が」
43) 三つのポイント。三つの秘密。
44) 自分で使うシーンを想像できるようにする。

07 薬事法・景表法、通販広告の表現規制をどう踏まえるか

　通信販売の広告表現にかかわる法規制としては、特商法・景表法・薬事法（医薬品医療機器等法）・健康増進法などがあります。広告の訴求内容に関しては薬事法・健康増進法・景表法が、価格・売り方に関しては景表法・特商法が主にかかわります。

　初めて化粧品・健食の広告企画・制作にかかわる担当者は法規制・コンプライアンスが気になるでしょう。以下の3点の過程を経て制作すれば、まずは大丈夫です。

a）広告法規にかかわる資料に目を通しておく

　通販事業を始めるとき・初めて広告表現を制作する際には、JADMA・日本通信販売協会の「通販法務ハンドブック」など関連サイト・書籍に目を通し

ておきます。細かいところまでは頭に入らないかもしれませんが、一読しておけばあとで参照する際に役立ちます。

b）法規制の基本を理解して、それに沿って開発する

表現の開発時に企画・制作の担当者が特に留意しなければならない法規制の基本は以下の二つです。

・実際よりも著しく良い・有利だと誤認させる表現はダメ（景表法）
・医薬品の効果・効能があると誤認される表現はダメ（薬事法）

たまに「化粧品と違って健康食品は薬事法で規制されていない」という認識を聞きますが、そんなことはまったくありません。病的な状態を改善するような表現、医薬品的な効果効能を訴求する表現は化粧品でも健康食品でもダメです。

c）専門家にチェックを依頼する

広告の法規制に慣れていない専門家に原稿をチェックしてもらうことごとく修正が入って何も残らない場合があります。疑わしきはバツというスタンスになりがちなためでしょう。広告表示の扱いに慣れた専門家にチェックを依頼することをお勧めします。

何回かの表現・出稿を重ねていけば、自社の商品に関してどういう表現が法的にダメなのかはおおむねわかってきます。社内の法務担当も広告表記に慣れてきます。定期的にレスポンス広告を出稿している通販事業者は、すべての出稿ごとに外部専門家のチェックを依頼しているわけではありません。

このような過程を経て出稿を決めた広告表現の最初の関門は、新聞・テレビ局・ネット広告媒体の「媒体考査」です。媒体考査は、関連法規に即して

各媒体が独自にチェックをおこなうものです。これは媒体ごとに考査基準が異なるうえに基準の変動や揺れもあります。先月まで通っていたコピー、他社で実施されている表現手法が、今回は通らなかったりする。レスポンス広告を出稿する企業にとっては理不尽に思えるかもしれませんが、媒体は媒体社のものですから怒っても仕方ありません。ここでも重ねてお勧めしますが、媒体の考査とうまく付き合うためにも通販広告に慣れた広告会社と取引されたほうがよいでしょう。

　法規制に関して総じていえることですが、薬事法や景表法に抵触しそうな表現をうまく潜り抜けて、いわゆる"薬事逃れ"をしながら商品を売り続けてもあまり良いことはありません。そこに投じる知恵・工夫を別の表現・別の商品に向けるほうが事業にとって生産的です。

　これは表現でなく商品自体の問題ですが、健康商品は過剰摂取などによる健康障害を起こす可能性もあります。コンプライアンスの維持は消費者・市場規範と守ると同時に、自社の通販事業の成長可能性を守るものでもあります。

08　広告表現の獲得効率を向上させるスプリットランテスト

　ネット広告をチェックしていると、同じ商品で違う表現のバナーが表れます。また新聞・チラシ広告を収集すれば、やはり同じ商品で異なる広告表現があるのに気づきます。その際には「スプリットランテスト」が実施されています。通販事業はなぜ同じ商品で複数の広告パターンを投入するのでしょう。

　レスポンス広告で経験を積んだ企画・制作の担当者は、ある程度は売れる表現／売れそうもない表現の見当が付きます。しかし優秀な企画担当でも、商品と消費者を熟知した通販事業担当者でも、この表現案でどの程度のレスポンスが得られるかはわからない。また複数ある表現パターンのいずれの獲

図表7-4　スプリットランテスト概念図

4パターンのスプリットラン例。CPOの良い案を残し、表現のブラッシュアップをおこないながら、数次のテストを繰り返して目標のCPOに近づいていく。下記は一軸の比較だが、表現とオファーなど二軸以上の要素を組み合わせたテストも可能。

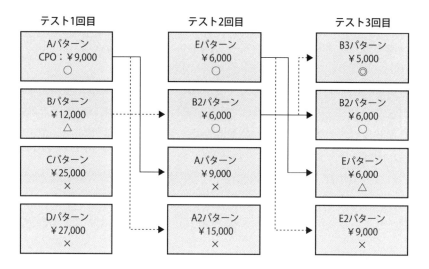

得効率が良いかも判断できません。

　しかしレスポンス広告はその目的に対する効果を即座に把握できるという他の広告にはない特徴があります。レスポンス広告の事前予測の不確実性と評価計測の確実性、この二つの前提があるからには、高い顧客獲得効率を求める通販事業としては表現案を一つに絞り込む選択肢はありえません。複数の表現案を実地に出稿して評価するテストをおこないます。

　売り方・オファーも含めたレスポンス広告表現の実地投入テストは「スプリットランテスト」と呼ばれています。ネット広告で言う「ABテスト」と同意です。スプリットランテストは、表現の顧客獲得効率を端的に向上させていける手法です。

a) テストをやらないとムダな投資になる

　このように説明を聞いても「当社はテストなんてやる余裕はないのに」。まだ日の浅い通販事業の担当者、さらに担当者の上司はそう考えるかもしれません。これは「テスト」の語感にも由来する誤解です。

　通販事業はいずれにせよレスポンス広告を出稿して新規顧客を獲得していきます。テストはその出稿の際に複数パターンを投入するというだけのことです。テストによっても実際に新規顧客は得られます。

　さらに出稿した複数パターンのどれかが高い効率になりますから、その効率の良いパターンを残して出稿していく。それだけで事業採算の確立は確実に近づきます。テストはムダではありません。

　本章の冒頭に記したように、広告表現の違いによってCPOはゆうに数倍程度の違いが出てきます。表現案を一つに絞り込んで媒体費を投じるやり方こそがムダ。通販事業がテストを避けるのは会社の資金を投機につぎ込むようなものです。

　もう少し穏当に説明しましょう。レスポンス広告の表現案の企画・制作担当は、できる限り消費者の心をつかめるよう、狙いを絞って広告表現の矢を放ちます。ただ前述のように、それが1本で当たるとは限りません。2本・3本の矢を放つほうが命中の確率は上がります。複数の表現パターンを投入して、CPO目標の到達・さらなる効率化を図っていくのがテストの役割です。

b) テストの運用・規模

　スプリットランテストの結果、パターンごとのCPOが得られます。そこで注目すべき点は二つ、まず「もっとも結果が良いのはどのパターンか」という相対比較、もう一つは「もっとも良いパターンのCPOはいくらか」というデータです。

　最良パターンが目標CPOに達しているのなら漸次、出稿の拡大を進めていきます。すべてのパターンが目標に到達していなければ、もっとも良かった

案を軸にして表現テストが継続されます。

　テスト段階での媒体出稿はリスク回避のために現実的な範囲で、できるだけ小規模にします。通販事業のテスト規模を規定するのは、データの信頼性・媒体のミニマムロットそして予算の三つの要因です。

　より信頼できるデータを得るためには、できるだけ大きい出稿規模のほうがいい。テスト結果でAパターンの表現が10件の顧客獲得、Bパターンが8件の獲得だったとします。2-3件のレスポンスでひっくり返るような規模では、AかBのいずれが優位かとても判断できません。

　そこで統計学的に信頼できるサンプル数（媒体到達数）を算出してみます。すると多くの場合、とても大きな規模が必要という計算結果になってしまい、予算に無理が出ます。

　こういうときに現実的な落し所として設定するのが、想定されるCPOの50倍程度以上の媒体費を1パターンに投じるという目安です。目標CPO/Rが5,000円なら、掛ける50で50万円。4パターンのテストなら計200万円という具合です。これならば結果の数字は、Aパターンの獲得数50件とBパターン40件の比較になり、テスト結果の確からしさは増します。

c）媒体でのテストの実践

　たとえば新潟でAパターンを、静岡でBパターンを投入するテストではAの獲得効率が良かったとしても新潟が良いのかA案が良いのかわからずテストになりません。スプリットランでは、比較する変数（表現・表現要素など）以外の条件は公平になるようにします。

　また媒体によって条件の公平性などの環境が違います。できるだけ確からしい結果が得られるよう、媒体の特性に留意しながらテストを実施していきます。

　バナー広告は表現テストがやりやすい媒体です。試行回数が稼げて条件の公平性も保ちやすい。3パターン以上の比較も容易です。ランディングペー

ジも条件の公平性が担保できます。ただバナーよりも到達単価が高くパターンごとの制作費もかさむため、バナーほどはパターン数が増やせません。

新聞でのスプリットランテストは30万円〜程度の追加媒体料金がかかりますが、2パターンの表現の比較では完全に同一環境でのテストが可能です。また新聞では3パターン以上は条件をそろえられないので日付やビークルの異なる複数回の出稿でテスト対応します。

折込チラシはパターン数を増やしても条件の公平性が確保できる媒体です。20パターン以上のチラシスプリットランを実施した通販事業もあります。大規模な投入を計画するのならば、そういうテストもありうるでしょう。

テレビインフォマーシャルは、1パターンあたりの制作費の限界からパターン数の多いテストは困難です。数パターン程度をまとめて制作し、実投入しながら要素を組み替えてブラッシュアップしていきます。

d）勝ち負けだけのテストでは顧客獲得効率は向上しにくい

スプリットランテストでわかるのは各パターンのCPOだけです。なぜこの表現が良かったのか、さらには次にどのような表現を開発すればよいか、CPOの数字は教えてくれません。

同条件で数十パターンを何回でもテストできるのであれば、個々の要素を差し替えて評価するテスト設計で最適パターンに近づけていけるのですが、予算・媒体条件の限界からそれは困難です。

次にさらに良い表現を開発するために、Plan・Do・SeeのPDSサイクルを回します。テストする表現パターンの位置づけ、要素の特性を明確にしたうえでテスト投入する。結果が出れば各案が良かった・悪かった理由を考えて、その対策を踏まえて次の広告の開発にあたるようにします。そうしないと、あてずっぽうの開発を続けていくことになります。

検討・検証の過程は、結果のデータと同様に大切です。簡単にテストの内

容を整理したレポートを作成し、表現も含めてテストの全体を参照できるようにしておきます。過去のテストレポートはこれからの表現開発に必ず貢献します。

09 表現の改善ポイントを探るアクティベーションパワーテスト

　前節で見たようにテスト結果のデータは、表現の改善方針を示すものではありません。かといって、あてずっぽうの表現開発を続けていきたくはない。そこで筆者が利用しているのが「APT・アクティベーションパワーテスト」という広告表現評価調査です。

　これはネット調査のパネルに広告表現を示して評価を得て結果データをテキストマイニングツールなどで分析するもの。新聞・インフォマーシャル・チラシ・ランディングページなどの広告表現で、複数案を評価できます。

　APTはいくつかの機能がありますが、表現開発で有用なのは、「どの表現要素、コピー・ビジュアルが買いたい気持ちを起こしたか」「どういう文脈で買いたい気持ちが起こったか」が把握できる点です。図表7-5はスキンケア化粧品の広告表現のAPT分析アウトプット例（ダミー）です。

　ヨコ軸に表現要素の注目喚起力、タテ軸は購買意向喚起力と設定し、評価したレスポンス広告の各表現要素をプロットしています。各要素の位置によって、右にあるほど「注目させる力が強い」、上にあるほど「買わせる力が強い」ことを示します。

　このグラフの例では「モデルの顔」と注意喚起の「（乾燥による）小ジワ」の要素が広告表現に注目を集めるのに役立っています。被験者に買いたい気持ちを起こしたのは「ぷるぷる」のシズルワードから「コラーゲン」の「浸透力」で「潤い」という要素、これが購買に誘導する主文脈であるといえるでしょう。「感動モノ」の実感ワードは注目はあまり集めていませんがプッ

図表7-5 アクティベーションパワーテスト出力例

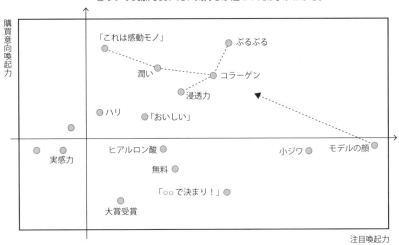

シュに効いているようです。「○○で決まり」のコピーは不発でした。

　アクティベーションパワーテストは市場への実投入ではなく調査データの分析であるという限界があります。しかし、各訴求要素の購買に誘導するはたらきが見えるのが取り柄です。

　このような結果が出れば次の広告表現の開発時に役立ちます。購買誘導の主文脈を骨組みにし、並立していた成分・効能を整理。コピーを入れ替え、再開発するなどのブラッシュアップで、より売れる可能性の高いレスポンス広告ができ上がります。

第8章
［価格・売り方設計］
アクセスに誘導しながらアップセルを狙う

　この商品をいくらで売るか、商品の値付けは本当に難しい問題です。高くすれば採算に有利だが売れない、かといって安い値付けをすればCPOは下がるが客単価が上がらない。

　売価を自由に設定できるのは通販事業の特徴です。収益性を確保しながら、どれだけ買いやすい・続けやすい価格にするか、工夫のしどころです。

　通販事業では、価格および、初回商品・サンプルの「売り方パターン」は同時に検討されます。さらに注文者に提供される優待施策の「オファー」、インバウンド・初回同梱物・アウトバウンド・DMなどでの「引上げ提案」（第9章）の四つを組み合わせて、通販商品の総合的な売り方を設計していきます。

01 価格設定の基本

　売上・利益を最大にする価格設定はどこにあるのか、図表8-1に示すのは商品原価を固定で1,000円から10,000円まで価格を変えていった場合の売上・利益の概念図です。曲線は売上と販売利益を指数で表したものです。

　1,000円のときは買う人は多いが単価が低いので売上は小さい。価格を上げると客数が少なくなっていきますが単価が高くなる分、この場合は売上が上がっています。3,000円の時が売上のピーク。あとは単価上昇が客数の減少に追いつかず、売上は徐々に減っていきます。

　利益のほうは、固定費があるのでマイナスが生じたりします。この例では4,000円が利益のピークになっています。売上と利益のピークは、しばしば異なるので留意しましょう。利益最大を狙うなら4,000円の設定ですが、原料・商品の仕入れやクロス販売を踏まえると客数は多いほうが良いですし、売上あっての利益なので4,000円以下の価格設定でもいいかもしれません。

　一般には価格が小さいほど客数が増えていくと考えられるので、図表8-1でもその前提となっています。しかし実際にテストすると、そうならないケースも出てきます。安い価格なのに客数が減る、逆に高くすると客数がむしろ増えることもある。価格変動による客数の増減直線（曲線）に対して影響を与える要因は主に二つです。

　その一つ「端数効果」は、3,980円・2,800円などの価格で発生します。4,000円・3,000円など切りのいい価格でなく、上から二桁目に9か8を置いた価格は実際以上に安さを感じさせます。4,500円でなく4,890円の値付けのほうが客数増が得られたケースもあります。端数効果を招く価格設定は「マジックプライス」とも呼ばれています。

　もう一つは「価格の品質保証効果」です。レスポンス広告に接した消費者は、費用と期待できる便益の評価をして購入を決めます。この商品が自分に

図表8-1　価格と売上・利益の関係概念図

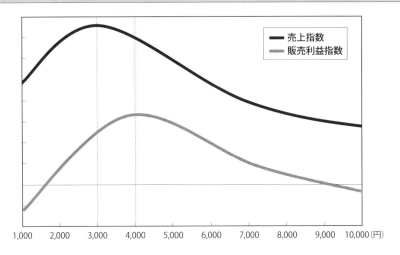

　何をしてくれるのかという便益は、その広告にある説明で想定されます。同時に価格自体もまた、便益を保証する働きをもっています。かんたんに言えば、値段の高い商品は良さそうに見える、逆に安い商品は品質が良くないように見えるということです。

　居酒屋の日替わり品書きで殻付き生ガキが1個800円とあるならば、良い産地かもしれないと客は思います。500円の値付けより売れるかもしれません。逆に壁の値札に「殻付き生ガキ1個40円！」とあれば、安いけど怖くて頼めない。客数は減るでしょう。価格の品質保証効果はこのように働きます。

　価格の品質保証効果が客数に対してプラス・マイナスに働くポイントは商品によって異なります。「値ごろ」から価格を次第に低くしていくと客数の増加が期待できますが、いつか「安い」から「安すぎ」に転化して逆に客数が減ります。そうならないためには、どうするか。先の居酒屋ならば「けさ届いたのですが、厚岸の友人からたくさん生ガキをいただいて」などの説明を

添えます。値引きする際には、安値の理由をつけるようにします。

　価格弾性評価調査を実施すれば（サンプル数・調査環境の限界はありますが）図表8-1と似たようなグラフを作成して商品価格の決定に資することができます。調査では、端数効果・品質保証効果の確認もできます。発売前の商品コンセプト評価調査も兼ねるのであれば、調査を実施する意味も高まります。ただ、すべての通販事業が前記のような価格弾性評価調査をやっているわけではありません。多くの場合、もっと簡易に価格は決定されます。

02　価格設定の実践

　通販商品発売時の実践的な価格決定プロセスは以下の三つの検討方針の併用です。

01）原価（販管費）率から価格を決める
02）競合商品の価格を眺めて決める
03）値引きなどを踏まえて価格を決める

　商品の要件のところ（第4章07）で示したように、自社通販の商品原価は20％程度に抑え込みたい。そこで製造原価・仕入れ価格を5倍して価格の目安をつけます。たとえば仕入れが900円ならば4,500円の値付けを検討します。
　しかし、そういう決め方の値段で商売になるとは限りません。競合商品の売価が4,000円なら4,500円の値付けはつらい。しかし、自社商品が競合よりも優れている、それをターゲットの顧客に理解させる自信があるのなら、4,300円の実質売価を狙ってみます。
　競合の顧客を奪うことを考えると初回だけは4,000円以下にしたい。そこでレスポンス広告の表記で「初回特別価格20％割引き、1,000円引きで3,800

円」を主張するために、標準価格を4,800円に設定します。

　このように、いずれ値引きするので標準価格ではなく、レスポンス広告での表示価格のほうを優先して価格設定を行います。この場合、初回購入後には定期顧客に引き上げて、10％引きの4,320円で売っていく計画です。

　目論見通りに市場の導入がうまくいって、数がはけていくようであれば、メーカーにお願いして860円などに仕入れ価格を下げられれば商品原価率は20％以下に抑えられます。

　価格決定の考え方、プロセスはこんな具合です。小売への卸販売とは異なり、価格を自社で設定できる通信販売だけに、実際の売価を想定したうえで価格を設定します。

　競合商品が設定できにくい新カテゴリーの商品の場合は、消費者が特定期間で消費できる額を想定します。個人・世帯が、この商品を年に・月にいくら払いそうか。そういう需要が現実的か。検討して商品単価の設定に反映させます。

　価格を仮に決めたうえで、まだ迷うのであればチラシなどで複数の価格を提示するテストを実施します。価格テストの設計は顧客からのクレームに留意し、できるだけ離れた地域で、標準価格は固定で値引き後価格の比較をおこないます。

03　売り方パターンと価格をどう設計するか

　通販事業の各社がレスポンス広告で実践している代表的な「売り方パターン」は図表8-2のとおりです。

　ワンステップは初回から本品を売るもの、ツーステップはサンプルを提供して本品・定期購入に引き上げます。いずれかが決定的に有利ということはありません。商品カテゴリー・商品価格帯・通販運営ノウハウ・事業スタン

図表8-2　通販の代表的な売り方パターン

01）ワンステップ本品定価
02）ワンステップ本品初回値引き
03）ワンステップ本品まとめ売り
04）ワンステップ定期前提（値引き）
05）ツーステップ無料サンプル
06）ツーステップ有償サンプル

スによって適合性がありますので、採算性見通し、競合の売り方を眺めながら決めます。化粧品の売り方パターンについては第4章10で、少し説明しました。

　上記以外に、本品ではなく値ごろ感があり買いやすい「ハーフサイズ」を用意して、そこから本品・定期購入に引き上げる「1.5ステップ」的な売り方もあります。以下、売り方パターン・価格を設定する際に留意すべき点をいくつかあげます。

a）売り方パターン・価格が使用する媒体を規定する

　たとえば500円サンプルならば60秒のインフォや5段の広告が使えます。気軽に買える価格なので少ない情報量でも購買に誘導できます。その一方で、500円サンプルを29分の番組で提供して目標CPRに達するのは容易ではありません。またネットではツーステップの売り方が向いています。バナー広告などのアテンション、ランディングページの説得の範囲では絶対価格が高い本商品は売りにくいからです。

　このように、媒体・スペースと売り方・価格帯の関係には相性があります。価格が展開できる媒体を規定する点には留意します。

また、媒体に関する第6章01で説明したように、テレビ・新聞・折込チラシ・ネットの通販4媒体は先入観なしに使い分けたほうが良いのですが、事業によってどうしても得意／不得意な媒体はできてしまいます。自社が得意な媒体で売りやすい価格・売り方を設定するのは妥当な選択ではあります。

b）アップセルの可能性を担保した価格設定を
　インバウンドやランディングページからの注文確認画面で本品・定期購入への引上げを図る（第9章05）場合は、レスポンス広告での表示価格より有利な提案ができるような余地をもたせます。たとえばレスポンス広告で「初回本品5,000円引きの980円でご提供」と表示すると、定期初回価格の提案は980円以下、500円などの設定になってしまいます。
　電話した・注文ボタンを押した顧客に、本品にする、定期にするほうが「もっとお得」と思わせられるような引上げ価格を提案できるように、最初の提示価格には留意しておきます。

c）絶対価格の低い値段を表示する
　商品1個の単価が850円ほどで、売りたい本命の商品が「8個セット」だとします。1個売りはしたくなくともその価格を設定、ある程度の文字の大きさで「1個850円」を表記します。1,000円以下の価格に目が留まって、レスポンス広告の注目を誘うからです。平面広告ではその効果が顕著です。8個セットの価格は「セットなら15％オフの5,800円・送料無料」などとして、1個買うよりも明らかにお得になる値付けにして、そちらへの誘導を図ります。

d）まとめ売りと定期購入の選択
　まとめ売りと定期購入、いずれも累積客単価を上げられる施策です。両方をレスポンス広告に表示することは可能ですが、初回受注時に2個・3個のまとめ売りをすれば、定期購入には誘導しにくくなります。インバウンドでも

両方は提案しにくい。まとめ売りか定期購入、どちらへの誘導を優先するかを決めたほうがいいでしょう。

　一般的には定期購入のほうが累積客単価は高くなるようです。いずれかが選べる商品ならば、まずは定期購入への誘導をお勧めします。2回目の注文があまり期待できない場合、または消費期間が不確定で定期購入に向かない商品は、まとめ売りへの誘導を選びます。

04　オファーをどう設定するか

　「オファー」の語はあいまいに使われがちです。注文者に提供するプレゼント物に限ってそう呼ぶ人もいれば、値引きも含めて提供する優待全般、売り方パターンを含めた条件提示、受注獲得の媒体到達がオファーと呼ばれる場合もあります。ここでは商品の価格設定・売り方パターンとは別に、注文者に提供される優待施策をオファーと呼んでいます。

　オファーはアイディアです。この商品でどう提案すればレスポンスが得られるか、考えて生み出します。カテゴリーを超えて小売りも含めて売り方を研究し、それを自社商品に当てはめて、ひとひねりすればどうなるか考えてみる。たとえば携帯電話の販売は多くの人が知恵を絞って商売していますので、参考になるアイディアシーズがありそうです。

　実際に筆者がクライアントに提案して成功した売り方・オファー設計のいくつかも、違う業種も含めた各社の施策からヒントを得て開発したものでした。

　広告会社・コンサルなどの外部企業の知恵も借りつつ考えて、アイディアが出てこない場合は先行者に学ぶのが基本です。代表的なオファーの例は図表8-3のとおりです。あわせていくつかの注意点を示します。

図表8-3　新規顧客獲得時のオファー例

01）送料無料
02）全額返金保証
03）もう1個が無料
04）「読本」プレゼント
05）特典プレゼント
06）期間限定オファー
07）モニター募集
08）クローズド懸賞

a）期間・対象を限定する

　期間・対象を限定するオファーはほとんどの通販事業が利用しています。いまだけ・自分だけと聞けば、いますぐの行動へと駆動するきっかけとなりうるからです。「いまから10分間」「○月までの限定」「初めての方に限り」など。折込チラシで「○○県のみなさまに」というのも、このバリエーションです。景表法に抵触しないよう留意しながら限定オファーを設定します。

　「サンプル提供」ではない「モニター」を対象とする募集は、やや特別感があって優待を提供する理由付けともなります。現状ではサンプル提供の単なる言い換えとして多くの通販事業で使われるようになって「モニター」のありがたみは、やや薄れてきているようです。

　実体がある「モニター」にするために、サンプル・商品に同梱で「チェックポイント」（第9章10）のある返信ハガキを入れるようにする方法があります。チェックポイントを記入する顧客は、商品の「利用実感・効能実感」を自ら確かめることになります。またそのハガキを返送すれば、通販事業者との双方向のコミュニケーションが成立して、商品・ブランドへの関与が高ま

る効果が期待できます。

b）送料無料設定を慎重に

サンプル請求で送料を顧客負担にしている通販事業は見かけません。ツーステップなら基本的に送料は無料になります。ワンステップの場合は、初回のみ無料などの設定で購買誘導のツールにします。複数価格を提示して受注単価が大きいほうに誘導する際には、送料の顧客負担・無料を使い分けてアップセルを図ります。

ある通販事業の担当者が「うちは発注単価5,000円以上はできるだけ売らないようにしているんです」とおっしゃっていました。その事業では5,000円以上の注文は送料を無料に設定しており、送料コスト負担があるせいで7,000円程度までの注文の場合には5,000円弱の注文よりも利益額が減ってしまうそうです。

食品など原価率が高い商品の場合は送料無料設定を慎重にします。また複数のセット売りなどを設定する場合に、多数個の注文の送料無料で利益額が減らないように設定します。

c）オファーを整理する

オファーの付与は基本的にレスポンスにプラスになる、そう考えて通販事業はオファーを配置した売り場を設計します。「全額返金保証」はそういうオファーの一つです。しかし、あるクライアントで意外なテスト結果を聞きました。本品の「全額返金保証」を提案するレスポンス広告に比べて、それを訴求しなかった広告のほうがレスポンスが良かったというのです。

十分な規模のテストで、両者のレスポンス率には大きな差があります。なぜ全額返金オファーがあるほうがレスポンスが少ないのか。この場合は全額返金で支払い「ゼロ円」が保証されている商品を、消費者が「価値がない商品」とみなしたせいでレスポンスが低くなったものと理解しました。すなわ

ち価格の品質保証効果がマイナスに働いた例です。

　経験的には多くのケースで全額返金は、レスポンスに対してプラスに貢献します。この場合は、その商品・その広告表現に限っておこった現象と考えるべきでしょう。

　ここで留意しなければならないのは、オファー付与はレスポンスに対して必ずしもプラスになるわけではないという教訓です。先の例は特殊なケースかもしれませんが、オファーがマイナス効果をもたらす場合は他にもありそうです。

　良いアイディアが出て最初は目新しかったオファーは、良いアイディアほど模倣を招いて消費者の目も慣れて、効力が薄れていきます。強化のために新たなオファーが追加されても、既存のオファーもレスポンスの足しになるだろうと売り場に残されます。

　結果、「○○限り」「□□をお付けします」「さらに△△も！」。売り場周りにオファー表記がひしめいて、優秀なデザイナーががんばっても雑然とした印象が増していきます。これではブランド・商品・商品の価格への信頼を損ないかねません。

　オファーは必要なものですが、いわばクスリのようなもの。魅力的な商品・精度の高い表現の力で商品を売るのが健康な通販事業の本筋です。実際レスポンス広告でオファーを追加しない・変えない・値引き表記もしないで、成長している通販事業もあります。できるだけスマートなオファー設計を心がけます。

第9章
［リテンション・CRM］客単価を向上させ採算を確保する

　リテンションは、新規顧客の獲得と並んで通販事業における二つの主要な事業開発領域の一つです。CPOは投資でしたが、リテンションは投資の回収になります。獲得した顧客からできるだけ大きな収益を生み出す活動です。

　リテンションは顧客の「維持」ですが、別の呼び方ではCRM：Customer Relationship Managementです。通販事業者と顧客との接点・双方向のコミュニケーションをより密接なものにして累積の客単価、LTVを上げたい。そのために設計されたさまざまな施策が投入されていきます。

01 購買基点の意識変容に対応して施策を投入する

　リテンションでは、まずは初回注文を基点に時系列をたどって施策が投入されていきます。そこで新規顧客の一般的な意識の推移モデルを整理してみましょう。

　獲得した新規顧客が購入する商品への強い期待・興味、「商品期待」は、図表9-1のような経路をたどって高まって、後に低下していきます。その推移をAからEまでの期間・タイミングに分けて捉えてみます。

　消費者は媒体の接触によって商品の購入意向を高めて「買おう・サンプル請求しよう」と思うに至って、カートからの申し込み・電話でのインバウンドに到達します。Aの注文のタイミングです。直接に触れられない商品に代金・注文の手間の対価を払おうと消費者自らが思ってくださるのですから、注文時点では商品期待はとても高くなっています。

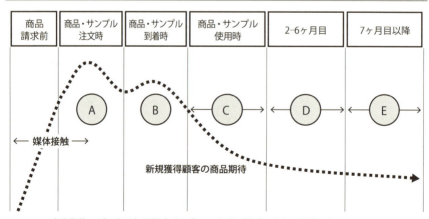

図表9-1　新規顧客の「商品期待」推移モデル

商品期待のピークは初回注文時。次いで商品到着時、あとは次第に低下していく。

注文後はずっと商品のことを気にかけているわけではないので、いったん商品期待は下がります。注文品が届けば目の前に商品があって実際に試用できる状態になります。期待はまた高まります。Bの商品到着時点は商品への関与、期待が復活します。

　初回に到着した商品・サンプルを消費するCの期間では、商品の便益が確かめられます。自分にあっているか・実際に効くか・便利か・続けられそうか、いくつかの視点で商品は検証されます。2回目購入・本品購入に至るかどうかは、その期間で提供される「使用体験」に大きくかかっています。リピート率・引上げ率は100％にはならないので、この間に消費者の商品期待は低下していきます。

　商品の注文・到着から半年間、Dの約180日の期間は商品への期待は維持されつつも低下していきます。一般的には半年経過以降のEにまで至れば顧客のドロップ・脱落率はゆるやかな漸減の推移になって、12ヶ月経過以降もリピートする顧客は「お得意さま」となって落ち着きます。これが通販事業が初回注文以降に対面する顧客の意識推移の骨格です。

　ところで近年「カスタマージャーニー」という施策開発手法が注目されています。見込み顧客と商品・ブランドとの多様な媒体での接触を意識変容と共に時系列で捉えてモデル化、可視化して施策開発に役立てようというもの。これは顧客・見込み顧客の媒体接触のログデータが取りやすいネットマーケティングで広がっている手法です。アトリビューション分析と同様、今後はテレビなどマスマーケティングとの一層のリンクが進んでいくでしょう。

　このカスタマージャーニーの手法は、通販のリテンション領域での施策開発に適用可能で、かつとても有用です。初回受注以降のリテンション段階での"顧客の旅"は、把握対象が特定の商品を注文した顧客です。見込み顧客段階とくらべて意識変容の輪郭が明確で、かつ捉えやすくなります。またeDM・アウトバウンド・DMなど事業主体による顧客接点の設定がオンライン・オフライン共にコントローラブルです。

図表9-1で示したのは「商品期待」とした一つの軸での単純な意識推移ですが、これを個別の事業・商品における各タイミングの消費者意識の推移として精緻化していけます。

　カスタマージャーニー分析に取り組むなら、タイミングごとの施策の接触・レスポンスのデータと顧客ヒアリング・ケーススタディ・リサーチで得た意識データを組み合わせて、1枚のシートに「マップ」として整理します。作られるマップは図表9-1の各ステップの下に、各段階での具体的な消費者意識（期待・疑問・不信・不安など）・コミュニケーション課題・対応する投入施策などが追加されていくものになります。

02　初期段階稼働率がその後の客単価向上に大きく貢献する

　本品購入後、初回注文からの2回目購入の獲得・定期の転換はその後の累積客単価を相当に左右します。

　図表9-2の月次稼働データは1ヶ月で消費する商品を想定したものです。Aの推移では2ヶ月目に50％が稼働して3ヶ月累積稼働率が約185％になっており悪くない推移になっています。一方で初回から2ヶ月目で50ポイントの減衰・半分がドロップアウトし、6ヶ月目までにさらに4分の1が減少しています。6ヶ月目の稼働率は24％。Aの推移で年間の累積の稼働率は380％、初年度4回弱の回転です。

　Bの推移は、Aから2ヶ月目・3ヶ月目の稼働率を、定期購入への引上げ・2回目購入の獲得で15ポイントプラスしたもの。その後の推移はAと同じ比で減らしていますが、Bの累積稼働率は490％、年5回弱の回転と1回分が増えました。

　平均受注単価が4,000円だとすると、初年度年客単価がAの場合は15,000円ですが、Bになると20,000円近くになっています。次年度への移行が期待

図表9-2 初期稼働率の向上の効果

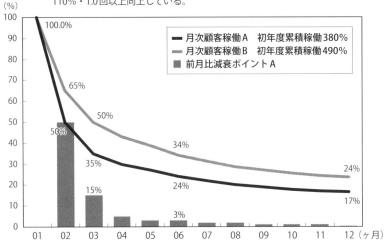

(注) 数値はダミー

できる12ヶ月目の稼働客も17%から24%と7ポイントプラスされます。この例でわかるとおり注文からの数ヶ月の初期段階は、客単価向上のためにもっとも重視すべき期間です。

前節で見たように、初回注文から近いタイミングは商品に対する関与も高い段階にあります。そのうえデータ例で見たようにこの時期での購買の獲得はLTV・累積客単価の向上に大きく貢献できます。もちろん、その後の周期販促やスポットのDM投入も客単価を上げますが、後になるほど獲得顧客からのレスポンス期待は小さくなっていきます。

初回に購入した顧客は何も手を打たないと、自然のリピートはほとんどないと思ったほうがいいでしょう。お得意さまに育成できたはずの顧客も、ほうっておけば逃してしまいます。

初回購入は「出合いがしら」の気まぐれ、2回目購入につなげられれば「お得意さま」への道は格段に近くなります。

ここで注目している累積稼働率はCPOと同様に、商品カテゴリー・価格・売り方・商品原価率によってさまざまです。定期購入を前提とした新規顧客を獲得する売り方ならば、半年で400%・初年度の年間に5-6回の購買が得られることもあるようです。新規顧客獲得商品のリピートが収益の柱となる通販事業の場合は商品にもよりますが、3ヶ月累計で140%・1.4回程度以上の稼働率が欲しいところです。

3ヶ月累計稼働率は新規の通販事業や新商品の採算想定・コンディション確認に便利な数字です。経験的には、3ヶ月累積稼働率の約2倍が初年度年客単価の目安になります。5,000円の平均受注単価で3ヶ月累積稼働率が150%・累積客単価7,500円ならば、年客単価は15,000円程度が見込まれるということです。もちろんこれは目安、事業によって数字は違いますので、実際の顧客データで検証します。

初回注文者を複数回購入に誘導するもっとも有効な手段は「定期顧客」への転換です。多くの通販会社では定期制度を設定しています。化粧品などは顧客によって商品の消費スピードが違い、また顧客側も自分の購買スパンが想定できないために健康食品ほどは定期誘導がうまくいきません。それでも隔月などの定期購入制度を設定しておいたほうが良いでしょう。

定期がムリならば新規顧客獲得のメイン商材のリピートで。リピート性が薄い・消費期間が長い商品であればクロスの提案で、どうにか2回目購入に結び付けて購買習慣を作っておく。そうすれば、その後のコミュニケーション・販促・事業採算は、ずいぶん楽になってきます。

03 獲得初期段階でのコミュニケーション課題

　リテンションの施策は客単価を向上させるために、前節で見た商品への期待・意識の推移に合わせて設計されます。初期段階でのリテンションのコミュニケーション課題は、大きく四つに区分できます（図表9-3）。

　注文からの最初期段階では「1）アップセル・2回目購入転換」のプロモーションが注力課題になります。サンプルから本品・初回購入から2回目の購入・単発購入から定期購入、商品カテゴリーや売り方によって異なりますが、上位ステップへの顧客の引上げ・アップセルは客単価向上の基盤になります。この時点では商品に対する期待が高いので「お得」のプロモーションが特に効きます。

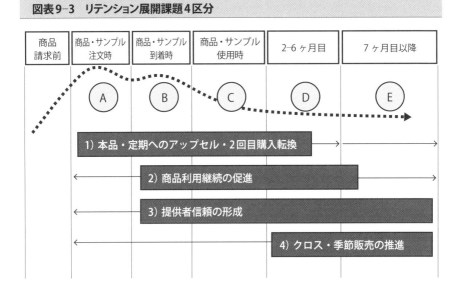

図表9-3　リテンション展開課題4区分

「2）利用継続の促進」のコミュニケーションは、商品期待が高い注文時点から、しだいに低下していく6ヶ月後までにどれだけ顧客が残せるか、再購買を獲得しながら取り組む課題です。注文からの初期段階では商品の提供便益への期待を高め、正しい利用法の啓蒙で習慣化・消費期間を短縮して利用継続を図ります。その後の継続もコミュニケーションが支えますが、商品の実力が問われる比率が高くなっていきます。

販促・商品の力だけではなく、商品を提供するブランドが信頼できるかどうかは客単価の長期の蓄積を大きく左右します（第5章02）。そこで、提供者への理解・共感・ロイヤリティを形成していくコミュニケーション施策が投入されます。「3）提供者信頼の形成」は初回商品到着時に強く印象づけたあと、商品の利用期間を通じて継続的に取り組んでいく課題となります。

新規顧客獲得の入り口商品以外の購買、すなわちクロス商品・ギフト需要などの提案「4）クロス・季節販売の推進」は、客単価を端的に向上させます。リピート性の高い健康食品は注文からの数ヶ月の時点では2回目購入・定期購入転換が主力の課題となりますから、複数商品の提案は月次・四半期などの周期販促に任せることになります。

初回の商品同梱で多数の他商品のチラシや総合カタログが入る健康食品ブランドもありますが、リピートに誘導したい商品の場合は初期段階ではあまり他の商品を見せないほうが得策です。顧客に他の商品も見て検討しようという気にさせて、早期のリピート獲得のチャンスを逃しかねません。

衣料・食品などで同一商品のリピート性がない・さほど高くない商品の場合は、初回商品の到着時、場合によっては初回受注時からクロスの提案の施策を厚くほどこす必要があります。同様に化粧品はアイテムにもよりますが、顧客の消費期間が異なり定期への転換がやりにくい事情もあり、一般に早い段階からのクロス提案がなされます。どの商品で2回目購入を獲得するか、初回注文商品に合わせて計画されます。

04 リテンション施策の基本フレーム

　リテンションで利用される媒体・ツールは商品・サンプルと同梱されるリーフレット類、イン＆アウトバウンドの電話でのトーク、それとダイレクトメール・eDMなどです。商品購買・サンプル請求からの経過タイミングに合わせて各内容が設計され投入されていきます。通常は半年程度、長くても1年経過ぐらいまで初回注文を基点とした購買基点施策が投入され、その後は周期販促にシフトしていきます。

　購買基点のコミュニケーション施策を投入せず、初回の注文をしたばかりの顧客にも既存顧客向けの周期販促ツール・DMだけを漫然と送っている通販事業もあるようです。継続的な利用の促進・客単価の向上のためには初速をあげる購買基点施策と、その後の周期販促をはっきりと区分して設計・投入するべきでしょう。

　図表9-4に示した施策フレーム例は、接触からのタイミングの推移と四つの課題を縦横のマトリックスにして具体的な施策・ツールを落としたもの。客単価を上げるための、顧客コミュニケーションのフォーマット例です。

05 初回受注時はアップセルの最大のチャンス

　レスポンス広告を出稿して顧客から注文の電話がかかってきた、リスティングから到達したランディングページで注文ボタンを押してくれた、その初回受注時に、受注処理以外で通販事業が取り組むべき目標は何でしょう。

　サンプルの注文なら本品・定期購入、本品注文なら定期購入への転換、場合によってはまとめ売りへの誘導です。初回の注文時は商品への期待がもっとも高い（本章01）タイミングですから、ただ受注を取るだけでは機会損失

図表9-4 初期段階リテンション施策フレーム例

	A. 商品・サンプル注文時	B. 商品・サンプル到着時	C. 商品・サンプル使用時	D. 2-6ヶ月目	E. 7ヶ月目以降
					周期販促へ
1) アップセル促進コミュニケーション	即時引上げスクリプト	引上げ・2回目購入促進リーフ	販促期限告知 DM・eDM	引上げ・2回目購入促進 DM・eDM	商品関連記事 愛用者体験談等
	アップセル・2回目購入転換促進 60-90日間販促			単発購入者定期促進リーフ	会報誌 周期DM・同梱
2) 利用継続促進コミュニケーション	商品期待形成トーク	愛用者体験談 成分読本・レシピ等		体験談等継続促進リーフ	ごあいさつ状
		使用法・マニュアル		○回目記念プレゼント・告知	提供者・産地等会報誌記事
	リレーショントーク	初回ごあいさつ状		ごあいさつ状	
		ブランドブック		商品同梱	
	継続促進180日間販促				
3) 信頼形成コミュニケーション	クロス提案	商品リーフ・カタログ同梱サンプル			クロス・ギフト商品リーフ
4) クロス・季節販売の推進		サンプル・初回商品同梱ツール			季節商品・ギフト等販促DM

200

になります。このチャンスを生かして本品購入・定期購入に、即時のアップセルを図ります。

電話のインバウンドなら応答トークの台本、スクリプトの設計でアップセルします。オペレータが提案するのは「よりお得な買い方」です。電話では細かなオファーの説明は難しいので、値引き・割引きの価格メリットの提案が中心になります。レスポンス広告にある商品・サンプルを注文するつもりでいる顧客をもう一段階引き上げるには、商品に合わせた工夫が必要。ここではインバウンドでのアップセルで一般的に留意するポイントを四つほどあげましょう。

a）いまだけ・ここだけ

即時の判断を迫るために、この特別価格・オファーを提供するのはいまのタイミングだけと示します。「いま、このお電話でお申し込みいただければ〜」「今週いっぱいのキャンペーンです」など、プロモーションの基本です。

b）値引き・オファーを顧客への配慮・メリットから説明する

安くなる提案とはいえ事前には望んでいなかった売込みのトークですから顧客には嫌がられます。そこで単に値引きというだけでなく、顧客への配慮から値引き・オファーを提案しているというレトリックにします。「何度も注文するお手間を取らせては申し訳ないので〜」「3ヶ月ほど利用されたお客さまから実感のお声をいただくことが多いので〜」

c）説得＝納得がアップセルにつながる

人は相手の説明に納得した際に、提案を受け入れる姿勢になります。簡単な説明による説得＝納得はアップセルに有効です。「肌周期は28日といわれていますので、ひと月以上続けたお手入れで結果が表れてきます」「何年も続いているお悩みなので、残念ながらひと月程度では実感できない場合が多いん

です」。このような説明が顧客の納得を得られれば、アップセルの動機づけになります。

　サンプルの数日間・本商品の１回の使用ではなく継続的な利用をお勧めするのですから、できれば時間経過にかかわる説明・説得材料を使いたいところです。そうでなくとも自社商品・提供便益にかかわる説得−納得要素を見つけてトークに組み込みます。

d）値引きの金額を提示する

　割引き（10％引き等）の場合も、値引き額を併用するようにします。「約600円お安い10％割引きでお届けできますが〜」という具合です。「10％」は直ちにメリットとは感じられず、「600円引き」は会話中でも直感的に把握できるお得だからです。

e）押しつけず顧客の判断にゆだねる

　もとの注文内容に比して明らかに得になる内容・金額を示せる際には、顧客側に判断をゆだねるようにします。これは口調のニュアンスも含めてですが「ぜひお勧めします！」という売り込みではなく、「どちらにされますか？」という問いかけにしたほうが良い結果が得られます。

　通信販売のコールセンターに対して顧客は当然の警戒心をもっています。ですからオペレータの提案・押し付けに対しては、反射的にNOを示してしまいがちです。それを避けるためにも判断権を顧客側にゆだねる姿勢が有利です。

　これらのポイントを押さえつつ商品・施策に即したスクリプトを構成していきます。インバウンドスクリプトでのサンプル→本品購入・定期購入への引き上げは一般に、30％以上あれば良いほうでしょう。定期の初回が無料で定期回数の縛りがないなど、顧客側のリスクがまったくない場合は、サンプ

ル請求の受電の8割以上を定期購入に引き上げる事例もあります。

　コールセンターだけでなくネットからでも初回受注時の即時アップセルは可能です。受注フォーム終了後の「申込確認ページ」で本品購入・定期購入の提案をおこないます。ここでもe)で示した判断をゆだねる方法をとります。ボタンを二つ用意し、そのままサンプルを注文するか、有利な条件のアップセルを選択するかを選択してもらいます。

06　初回受注時から商品期待を高めるインバウンド施策

　受注時に注力すべき課題は引上げ・アップセルであると説明しました。ただ、注文のインバウンドは直接に顧客の肉声を聞き、肉声で答える貴重な機会です。引上げのトークを圧迫しない程度に、それ以外の課題、利用の継続促進・提供者への信頼形成の課題についても対応しましょう。

　注文の数日後には顧客のもとにサンプルか商品が届いて1回目の使用体験が始まります。定期購入でなければ、たいていの商品で1回目購入者の半分以上が2回目購入に転換しません。商品購入者の1回目の使用体験を満足できるものにできれば2回目購入につながります。もう一度商品を買ってもらうために、初回受注の時点から商品期待を高める・満足を得る布石を打つべきです。

　幸福な「初回使用体験」を提供せんとする施策は、定期購入誘導と並んで累積客単価の向上に貢献します。注文時のわずかな語数の商品説明・信頼形成トークの追加・改善で商品期待を高めて、2回目購入率が2-3ポイント以上も向上できたケースもあります。そのために留意すべきポイントのいくつかを以下にあげます。

a) お礼を述べる・あいさつをする

お願いして商品・サンプルを注文いただいた顧客に、お礼のことばを差し上げるのは当然です。モニターに依頼して通販事業のコールセンターの通話ログ（ミステリーコール、第10章02）をとっていると、たまにお礼のないオペレータに出くわします。

こういうケースでは、短時間での受注処理・受注効率のみをオペレータに要求するような問題が背景にありそうです。受電品質のバラつきはある程度は仕方がないのですが、さすがにお礼なしでは提供者の信頼を損ねます。

b) ブランドらしい声・話し方にする

消費者とのコミュニケーション接点は、通販事業者の意思で設計されなければなりません。コールセンターでの対応も事情は同じ。アウトソーシングしている場合でも、電話をかける顧客・見込み顧客は、商品を届けてくれる会社の社員と話していると思っています。

肉声は記憶に残りやすいメディアだけに、そのブランドらしさのある話し方・内容をデザインしなければなりません。ある会社はアウトソーシングのオペレータを50代以上の女性に指定、基本的にてきぱきと話さないようにと指示しています。うちのブランドは、そういう人格・キャラクターだから、多少もたついても共感いただける。慣れたオペレータにも、ゆっくりと会話するように要請しているそうです。

c) 受注時に商品説明をする

インバウンドの際に注文者はすでにテレビCM・ランディングページなど媒体を通じた商品説明を受けていますが、商品提供者の肉声で商品説明を聞くのは初めてです。たとえば「私の母も使っているのですが～」など、リアルな体験談による説明は届けられる商品への期待を高めます。注文品の開封率も向上します。初回受注時は、受注処理・アップセル対応に加えて、一言だ

けでも商品について説明しておきます。

d）答えやすい質問を投げかける

受注の際、化粧品なら「肌の悩みはおありでしょうか？」など答えやすい質問を投げかけるのもインバウンドの基本です。

オペレータ側がしゃべりっぱなしでは顧客は説明を聞き流してしまいます。双方向・インタラクティブなコミュニケーションが成立すれば、顧客の商品・ブランドへの関心は端的に高まります。顧客側にも自分のことについて話してもらって、受け–答えの機会を作ります。

たいていのコールセンターでやっていますが「何かご質問はありますか？」の問いかけも不可欠です。

e）「あなたに・どんな便益を」提供するのか具体的に説明する

「従来品と比べてコラーゲン配合量が2倍になっていて、お客さまにとても喜ばれています」という説明よりも「〜、乾燥肌に悩まれていた方にとても喜ばれています」のほうが効きそうです。後者は商品特性だけではなく、具体的な顧客への提供便益が示されているからです。この際に、d）の質問で得た顧客属性の回答を当てはめて説明すれば、さらに"自分ごと"として商品期待を高められます。

抽象的な顧客一般ではなく個別の顧客・見込み顧客の属性・ニーズに合わせた商品説明。これはテレビ・新聞などの媒体ではできない、直接対話ならではのインタラクティブ性を生かした施策です。ネット注文でも入力フォームでの簡単なチェックポイント記入と、申込確認ページでの商品説明提示のスクリプトで実施可能です。この手は「モニター募集」ならなお有効でしょう。

電話先の個人向けのカスタマイズされたトークにするもっとも簡易な手法は、「お客さま」ではない「○○さま」という固有名詞での呼びかけです。質

問などの時間が割けないインバウンドの際でも、顧客を名前で呼ぶ対応は可能です。

f）いま必要な顧客への気遣いを示す

「秋色しだいに濃く〜」など手紙での時候のあいさつは、形式的なとはいえ送り手の気持ちを表します。ましてや肉声でのタイムリーな時候の言及は顧客との心理的な距離を縮めるのにとても有効です。

「こちら長野では今日、初雪が降りました」。オペレータのその一言がアルプスを臨む信州の風景を顧客に想起させ、電話先で応対する提供者・ブランドの人格・人柄への理解・共感は深まります。

さらに「このところ寒くなって乾燥した毎日が続きます、□□さまも○○でしっかりお手入れいただければ」と続ければ、そういう気遣いのできるブランドの提供する商品への期待はなおいっそう高まります。

トピックと商品便益がつなげられれば良いのですが、そうではない場合も要は顧客への気遣いが示せれば大丈夫です。「お風邪など召されぬよう」「お住まいのほうでは台風が近づいているようですね。気をつけてお過ごしください」など。顧客にいま届けるべき気遣いの数語は、電話線・電波を通じて届き、いわば「魔法の一言」として顧客の心をつかみます。

当然これらのトークスクリプトは、事前に設計した計画・シナリオ通りに進められるものではありません。企画担当とアウトソーシング先も含めたコールセンターが問題意識を共有し、密接な連携で投入・検証され、日々ブラッシュアップされていきます。

07 顧客への「プレゼント」として梱包物を設計する

顧客へのダイレクトメールはしばしば開封されませんが、初回の商品・サ

ンプルはもっとも開封率の高い送付物です。商品と同梱されるツールは注目率の高い媒体です。

　リテンション領域のコミュニケーション課題、引上げと2回目購入転換・利用継続促進・提供者信頼形成のそれぞれに対応して、いくつかのツールが同梱されます。これから通販に取り組む方は、これらのツールがどういうものかイメージしにくいかもしれません。通販事業の企画担当は同カテゴリーのブランドを中心に何社分でも商品を取り寄せ、ツールを手にとって研究しています。

　顧客に商品を送る梱包は、お客さまに対する「贈り物」として捉えるのが

図表9-5　初回サンプル・商品同梱・到着時ツール例

01）初回ごあいさつ状
02）ブランドブック・商品読本
03）使用法・マニュアル・レシピ
04）利用者体験談
05）引上げ・2回目購入促進リーフレット
06）商品注文用紙
07）商品リーフ・カタログ
08）クロス商品サンプル
09）応答用ハガキ
10）料金払い込み用紙・お買い上げ明細
11）商品到着確認ハガキ・別送
12）成分読本・別送
13）到着確認アウトバウンド
14）使用感確認アウトバウンド

適切です。特に新規の顧客にとっては、通販ブランドからの購入は"非日常"の買い物です。顧客は直接に見たこともない商品を安くない代金を払って買っています。スーパー・コンビニのふだんの買い物とは違って、それなりの期待・高揚感をもって到着した包みに向かっています。

商品が手元に届いて、お客さまが封をあける。梱包物を確かめる、リーフレットやマニュアルを眺めながら商品を手に取って試用してみる。その過程の顧客の高まった気持ちをがっかりさせないよう、もっと高めるように、同梱物を含めたトータルのパッケージを設計します。

包装などにむやみに費用をかけることはありません。ツールのデザイントーンを揃えるだけでも印象は違います。そういう施策が似合うタイプのブランドは、折鶴一つ・ポプリの包みなどを入れて、届けられた人が喜ぶように工夫しています。

同梱の各ツールにはそれぞれの役割がありますし、顧客対象ごとの送り分けの必要もあるので、なかなか同梱物の数は減らせません。初回商品に20点以上の印刷物が同梱されているブランドもありました。商品の梱包にごちゃごちゃと多数の印刷物が入っていると顧客に嫌がられます。そのうえ個々のツールの効果も減じるので、同梱物の数はできるだけ少ないほうがいいでしょう。

スマートな初回同梱物の設定のためには、顧客と商品の初めての出会いのタイミング、初回の使用体験で何を提供しなければならないか、目的をはっきりさせて整理していきます。

08 引上げ・2回目購入に誘導するプロモーション

同梱ツールで提案する、本品・定期への引上げ・二回目購入誘導の施策もまた値引きが中心です。非価格のオファーでは、健康食品ならピルケース・

青汁ならシェイカー・化粧品ならクロス商品のサンプルプレゼントなどが実施されています。できるだけこのような非価格販促に期待したいのですが、やはり「お得」は強いので値引きに頼ってしまいがちです。

　定期購入で10％程度割引き・送料無料などの設定は必須。現在の顧客は10％引きだけではあまり反応しなくなっているので、定期購入初回25％引きなど、それ以上の値引きの覚悟が必要です。値引きの販促施策の訴求は、送付対象ごとの差し替え・結果評価による変更に対応しやすいよう、カタログではなくリーフレットで展開します。

　あまりやりたくない値引き・割引き設定をできるだけ効果的にするためには「期限設定」が有効です。値引きを提供する販促期限を「商品到着から○○日後まで」と設定します。

　化粧品通販で多く見られる施策ですが、単に割引き・値引きとするのではなく「500円引きクーポン」などの値引きチケットを同梱する手法もあります。ていねいな通販ブランドはチケットを金券風にデザインして、オンデマンド印刷でシリアルナンバー・使用期限を刷り入れています。ツールの封筒・外箱などに「500円クーポン同封」とシール貼りすれば、開封の促進・ツール精読の促進にも有効です。

　期限を設定すると、その後のアップセル・2回目購入促進施策がやりやすくなります。販促期限は商品・サンプルの消費期間に合わせて設定されます。30日消費の商品ならば値引き期間を40日に設定しておいて、20日後・30日後のハガキDM・アウトバウンドで「1,000円引き特典の期限が迫っています」と期限告知の注意喚起をします（図表9-4参照）。

　期限が切れた後はテーマを切り替えて販促をかけます。本品購入者対象の定期購入誘導なら「定期購入優待キャンペーン」などのDM施策投入が検討されます。

　ネット経由の注文ならば「ステップメール」と呼ばれる購買基点のメールを数回送ってアップセル・再注文を促します。電子メールのDM、eDMは郵

便料金がかからず社内でも制作できます。また到着日時だけでなく到着時間までのタイミングがコントロールできるのも利点です。

　それだけに抑制的に利用する必要はあります。通販各社のリテンション施策のモニターをとると、商品到着から15日間で8回のステップメールを送っている健康食品ブランドがありました。あまりしつこいとゴミ箱フォルダ行きでしょう。仮に高頻度のステップメールで3％のアップセルが得られても残り97％の顧客はブランドへの信頼を失っていきます。実際にあった例ですが、同文のメールを延々と何度も届けるのは論外です。

　「お得」で誘導する引上げ・2回目購入誘導のプロモーションが大きな効力を発揮するのは多くの場合、初回の注文から60-90日程度まで。もちろん、それ以降も本品購入・2回目購入は欲しいのですが、DMなどの施策の効果はどんどん小さくなっていきます。

　注文から2-3ヶ月目の期間は、タイミングごとに施策を投入する販促スケジュールを商品に即して組んで、集中的に顧客にアプローチしていきます。

09　商品期待を高める　商品到着時のコミュニケーション

　試用・1回目の使用で顧客が商品の便益を確かに実感すれば、おのずからアップセル・2回目購入が得られます。一般に「効果の実感がある・便利だ・また使いたい」、そのような評価をもたらすのは、まずは商品自体の実力です。使ってみて便益の実感がない・実感が期待できないものは再度買われません。

　ただ通販の主要カテゴリーの一つ、健康食品ならば試用・初回の数週間までの使用では、さほど効果の実感は得られないようです。化粧品ならテクスチャー・使用感程度はすぐにわかりますが、肌の変化は徐々に表れてくるもの。そのせいかレスポンス広告で獲得した見込み顧客・新規顧客の過半数が、

試用・1回目の使用で通販の商品に見切りをつけて去ってしまいます。

ただし使用時の便益実感を向上させるのは商品自体だけではありません。商品に付随して提供される情報・コミュニケーションもまた、その役割を果たせる点に留意しなければなりません。

食品は消費すればただちに「おいしい・おいしくない」の評価がなしえる商品カテゴリーです。その食品でさえ付随する情報が評価を左右しています。たとえば五島のサバ・氷見のブリは食べておいしいだけでなく、食べる前から我々は「おいしいはずだ」と予見します。事前にどこかで聞いた産地の情報をもっているからです。

確かに健康食品・化粧品などは食品と比べて即時の実感・評価が難しいカテゴリーです。しかし、ありがたいことにその事情を顧客もある程度は理解しています。効果を期待はしていても今日・明日には使用の結果が出ないだろうと多くの顧客は知っています。であれば健康食品・化粧品の便益実感の遅延は継続促進のハンディではなく、むしろ通販事業のアドバンテージです。

試用・1回目商品を使用している購入者は「便益が実感できない」のではなく「まだ、便益が実感できていない」だけです。これから便益が実感できそうだ、そういう期待を使用者に形成できるのです。

初回に届けるコミュニケーションツールの工夫しだいで、顧客の商品便益への期待を維持・さらに向上させることは可能です。

10 顧客の使用体験をデザインするツール・施策

本章07に整理した同梱ツール・施策のうち、特に商品への期待を高めて利用継続を促す役割をもつものについて説明していきましょう。

通販の商品に同梱するツールの一つの目標は、顧客の使用体験のデザインです。時に商品自体の便益実感に先んじて、コミュニケーションの力によっ

て幸福な「使用体験」を提供して商品への期待を高め、利用の継続に誘導します。

　a）マニュアル
　顧客の商品使用体験の「シナリオ」が商品マニュアルです。使用者に、もっとも効果が実感できるような理想的なタイミング・用法を指示します。また「すっとしみこんでいく」「ほわっと温かく感じるような」など感覚的なことばも含めて記述します。摂取・着用の際に得られる体感を、効能実感・期待へと誘うように制作しましょう。

　b）成分読本
　成分読本は一部の健康食品・化粧品で使われているツールです。商品名・フリーダイヤルなどを記載せず、商品とは別送で送られます。商品に含まれる有用成分の効能は、確かなエビデンスがあっても薬事法の範囲内では十分に説明できません。商品販売にかかわる場面で伝えられないならば別の場所を設定します。
　成分読本では専門家の検証を経たデータを用いて有用成分の効能を説明します。もちろん科学的に検証されていないデータの利用はアンフェアで、コンプライアンスにかかわります。

　c）チェックポイント・使用感確認アウトバウンド
　短期の使用実感を効能期待へと転換するのが商品リーフ・マニュアルなどに記載される「チェックポイント」の役割です。「翌朝の寝覚めが良い」「しっとりした感じがする」「髪のハリが出てきた気がする」など比較的に実感しやすい項目をチェックさせたうえで、そこに添えた文章で便益との関係を説明し「続ければ効果が得られそう」との期待を高めます。
　初回商品使用時に、必ずしも売り込みの内容ではない「アウトバウンド」

を投入するのも有効です。双方向のカウンセリングで、使用時に増大する商品への不安・不信を払拭しながら商品期待を高めて、あわよくばリピート・引上げを図ります。

d）体験談

商品の愛用者体験談は、広く利用されている商品期待向上ツールです。「自分に合うのか」「逆作用はないのか」「本当に効くのか」「いつになったら効くのか」、購買時点から遠くなるほど薄れる商品への期待の一方で、すぐに結果の出ない商品に対する顧客の不信・不満が日増しに強くなっていきます。

そこに対応するのが体験談です。前置きになる「半信半疑でしたが」「不安はありましたが」「ずっと悩んでいましたが」「ひと月はまったく実感がなかったが」などの感想が、愛用者と先行きに不安のある顧客を共感で結びます。

次いで語られる「続けているうち実感できた」「3ヶ月後に結果が出た」「いまでは手放せません」などのうれしい報告は、顧客に自分自身の明るい未来をイメージさせます。商品の提供便益を実感したシズル感のある語りは、何よりも顧客の期待を高めるコンテンツです（カスタマージャーニー、本章01）。

体験談のパターンは、レスポンス広告でも利用されるシズルワードの入った3行体験談・顔写真の入ったの長めのインタビュー・会員からの手書きハガキの転載などがあります。写真・県名・苗字入りや頭文字入りなどでリアリティを表現します。体験談では活字で見やすくキレイなフォーマットに流し込むのは逆効果にもなります。1色・2色刷りで紙質を落として"生の声"の質感を演出している通販事業者もあります。

愛用者体験談は先導者として顧客をリードします。ですから初回商品の同梱だけでなく、定期購入者の利用継続促進策としても有効です。初回購入からの意識変容に合わせた体験談中心のリーフを6回分以上制作し、定期顧客に連続的に投入していけば、中長期的な効果期待を形成して定期購入継続率の向上につながります。

11　提供者・ブランドへの信頼・共感を醸成する同梱ツール

　商品同梱ツールはブランドコミュニケーションのチャンスでもあります。製法・希少性・提供者の信条・ブランドの世界観などの情報を与えれば商品体験時の満足度は向上します。また提供者の人柄の理解はロイヤリティ形成の第一歩です。

a）ごあいさつ状

　通販の商品を取り寄せると商品と共に、B6サイズの送り状だけがペラっと入っている例があったりします。内容は、商品一個、住所といった形式的なもの。これでは寂しい。見ず知らずの方が商品を購入してくださったのですから、お礼の手紙・ごあいさつ状が欠かせません。送り状だけでは「再注文はいりません」と言うに等しい対応です。

　ごあいさつ状は手紙なので、広告会社などに丸投げせず通販事業者自身が原案を書きます。まずは商品の送り手からご注文いただいた方に、何よりも感謝の気持ちを伝えます。

　あわせて自己紹介・商品に込めた思い・どう使って欲しいかなどを綴ります。そこに書ける内容がブランドの核になります（第5章12〜15）。商品提供者の手紙ですから送り主は個人名で。社長、事業の責任者、担当者、偉い方でなくとも大丈夫です。

　通販は顧客一人ひとりと向かい合う、One to Oneのコミュニケーションが基盤です。初回商品・サンプルと同梱する手紙、ごあいさつ状は通信販売事業における最重要のコミュニケーションツールに位置づけられます。

b）ブランドブック

　ブランドブックは会社案内ではありません。通販のブランドが顧客に送る

「見合い写真」のようなものです。ごあいさつ状が基本的に文字だけで綴られるのに対して、ブランドブックは写真などのビジュアルも使います。送り手がどんな風景ですごしているのか、どんな人がかかわって商品が製造されているか、総体としてブランドの世界観を伝えます。

c）返信用ハガキ

数円のコストがかかりますが、顧客が通販事業に対して送れる返信用ハガキを同梱しておくとよいでしょう。もちろん受取人払いの設定で、「商品の感想などお寄せください」と書き添えます。

顧客とブランドのインタラクティブ・双方向性のコミュニケーションの維持は、SNSなどネットだけの課題ではありません。通販事業は商品とともに、あいさつ状を始めとする大量の情報を顧客に届けるのですから顧客側からの返信のチャネルを確保します。

ハガキの返信が得られれば、商品の改善・体験談ツールでの利用・社内共有によるモチベーションの向上などの使い道があります。また、一言ふたことの返信であっても、顧客にとっては一方的に「話を聞いた」のではなく「会話をした」経験になります。会話の経験は顧客のブランドに対する共感を劇的に高める成果が得られます。

返信を送らなかった顧客でもハガキを見れば「この会社は、自分の話を聞く用意があるんだ」という印象を与えることができます。

12　利用継続を促進する施策・オファー

無事に2回目購入、定期購入転換が得られた後は、「利用継続」が課題になります。定期購入の初回以降、どんどん落ちていく顧客数を食い止めるためにはどうすればよいか。本章09-10で紹介した、体験談を中心とする商品期

待を維持するコミュニケーションツールの連続投入は有効です。

　オファー・プロモーションで利用継続を促進する手法もあります。定期購入顧客転換から6ヶ月目までの初期段階で、毎月・隔月で顧客にプレゼントをしていく方法をとっている通販事業者もあります。前月に特典提供を予告しプレゼントで継続を動機づける方法です。その際には「○○応援」など特典の提供に理由をつけます。あからさまにモノで釣っている印象を与えると、商品・ブランドの信頼を傷つけるからです。最低限「○ヶ月目継続感謝」などの理由はつけます。

　数回以上の購買が得られた後にはポイント制度が効いてきます。大手通販事業者の多くが導入しているポイント制度は、ポイント倍付けや消化促進キャンペーン・会員ランク制など各種の継続促進プロモーションに使い勝手の良さがあります。

　顧客が定期購入を止める際に表明する理由は、多くの場合「余ったから・まだ残っているから」というものです。これへの基本的な事前の対策は二つです。一つは余らせないように消費スピードを上げるように提案するもの。初回購入・定期購入ツールなどでの「正しい使い方」の啓蒙や、頻度を上げる使用法（健康食品なら朝・夜2回、食品ならアレンジなど）の提案で行います。育毛剤の利用促進なら、使用期間の半分の時点で「半分、減っていますか。結果を得るためには〜」などの問いかけで、期間内の消費を促します。

　もう一つは余ったら休ませる施策。定期購入の中止ではなく「休止」です。休止の申し込みハードルはできるだけ下げておいたほうがトクです。「○日前までのご連絡で、いつでもお休みできます」と休止制度を積極的にアナウンスします。

　定期購入の中止連絡をハガキではなく電話のみの受付として、インバウンドで中止を休止に誘導する方法もあります。その際にはポイント・特典の喪失など定期購入中止のデメリットを説明し、休止のほうがメリットが大きいように説明するスクリプトを組んでください。

定期購入の中止理由を聞くと多くの顧客が「余ったから・残っているから」と答えます。言いやすいのでそうなりますが、本当の理由は「商品の便益を感じられなかったから」です。プロモーション・オファーで引っ張るのには限界があります。商品とコミュニケーションの力で、できる限り商品への期待を維持して、習慣化した消費へと誘導していきます。

13 ブランドと顧客を気持ちでつないで継続を図る

　ブランドコミュニケーションもまた顧客をつなぎ止める力があります。初回お届け時のごあいさつ状などに続いて月次・四半期でお届けする「会報誌」「ブランド通信」がその後の主力ブランドコミュニケーションツールです。

　会報誌はクロス商品の定期的な提案媒体として使われますが、それにとどまらず、季節ごとの提供者の姿・提案を伝えて顧客のロイヤリティ醸成を図ります。

　ここでいうブランド通信は、いわば学級通信・紙のブログみたいなもので、顧客からのお便り・商品にまつわる時々のできごとや、場合によっては身辺雑記なども記されます。ハデなものではなく、モノクロや2色の手作り感のある双方向ツールのリーフレットです。これは提供者の"ヒト感"を伝える強力なブランドコミュニケーションツールですから、SNSなどと並んで実施をお勧めしている施策です。

　ネットで同様の双方向ブランドコミュニケーションをおこなう際、自社サイトに独自コミュニティを作る例が見られますが、認証など顧客側の手間、拡散性を考えるとフェイスブックなど既存のSNSプラットフォームでやったほうが実りが多そうです。

　「年賀状」は送っていない通販事業者も多いようです。いつものハガキDMより注目率は高い媒体ですし、サイト・カタログ誘導で「初夢キャンペーン」

などのプロモーションにも使えます。あるブランドは売上100億円を超える規模の企業であるにもかかわらず、手書き風フォントではなく、本物の手書きの年賀状を送っています。これなど高いブランディング効果が見込めます。

本章11でお勧めした「返信用ハガキ」ですが、その後の商品送付時にも同梱ツールとして設定しておくとよいでしょう。ただ「何か商品のご感想を」といっても返事を出してくださる顧客はなかなかいません。そこで「お客さまコンテスト」「アンケート」などのギミックで返送を促すことも可能です。人気商品コンテストなど商品周りの企画、高齢者の顧客が多ければ俳句・川柳なども。いただいたハガキはブランド通信などのコンテンツとして発表。顧客とブランドの交流の様子を見せれば、ハガキを戻さなかった顧客にとってもブランドへの親しみは増します。

通信販売事業は、顧客と直接に会う機会はなかなかありません。それだけに、優良顧客を対象とした「お客さま懇親会」などを設定すると顧客ロイヤリティ向上の役割を果たせます。その機会は商品開発・コミュニケーション開発にも役立ちます。

リアルでおこなうアウトレット即売会などの小売販売も顧客・通販ブランド双方にとって貴重な接点です。わざわざ即売会に来てくださった通販顧客に対しては、充実した・フレンドリーな体験を提供しなければなりません。ふだん通販事業にかかわっているスタッフは小売の場面には慣れていないかもしれません。不慣れを好感に転じさせるよう、にこやかに・ていねいにお客さまに対応しましょう。

14 RFM・顧客データマイニングの実践

このところ話題になったビッグデータ関連で、顧客データ分析に関する手法やツールが多く紹介されています。そういう記事を眺めていると、顧客

データ分析でスゴいことができそうです。そのためには高度な分析を会得しなければならない気になりますが、そんなに気にしなくとも構いません。通販事業で特に必要な分析、少なくとも初期段階の通販事業で有用な分析は、それほど特殊・複雑なものではありません。

RFM分析を始めとする通販事業の顧客データの分析・マイニングは、事業コンディションの分析からの事業展開方針・プロモーションの開発、新商品の開発、媒体計画策定などに使われます。

リテンション・利用継続を図る局面で顧客データ分析がもっとも有用なのは、DMなどのツールを「送る・送らない」の判断をする際です。

ネットで注文した顧客に対しても、リアルのDMは送らなければなりません。リアルDMは印刷費・郵便料金がかかるので、買う見込みのない顧客に送ると損です。買う見込みの高い顧客を選んで送りたいものです。

企画・制作したDM・カタログ・クーポン・会報誌などを、特定のクラスターの顧客に送る、または送らない。プロモーション配信のオン・オフ区分の判断をする際に、顧客の購買履歴データ分析が活用される。そう考えておけば当面は問題ありません。

さて、顧客の識別・区分に使うのは基本的にRFM分析です。最終購入からの経過期間・Recency、購入頻度・Frequency、累積購入額・Monetaryの三つの指標で顧客を分類する方法です。RFM分析の出力表は、これもたいていの通販管理システム・ASPに準備されています。

通販事業の多くは、主にRとFを分析に使っています。デパートやクレジット会社と比べれば1回の受注単価には大きな違いがない点、期間累積客単価の高い客は大切にするに決まっている点、単に3次元で事態を把握するのは難しいことなどからRとF重視の分析になっているようです。RF以外に、最初の入り口商品別の顧客区分を併用して分析する例もあります。購買周期などの消費の仕方・意識が異なる場合などに有効です。

ある程度の売上規模になっても顧客区分をせず、またはRecencyのRのみ

図表9-6　RF表例

(人)

	F1	F2	F3-
R1	4,400	4,000	3,600
R2	5,900	4,300	4,800
R3	8,000	7,200	6,500

(注) 各セルは顧客数、数値はダミー

で区分してDMのプロモーションをかけている通販事業も見受けられます。それではムダな投資をしている可能性もあるので、少し例をあげて説明しましょう。図表9-6は、RとF各ざくっと3区分で、計9セルに切ったRF表の例です。5万人弱の顧客を分類して、各セルに人数を記しました。

　通販事業にとって各セルの顧客は重要度が異なります。右上のR1F3の3,600人は、とても良いお客さまです。購入時期が直近のR1で、購入歴が3回以上です。R3F1の8,000人は購入歴が1回のみで、かつ最終購入からずいぶん期間が開いている顧客。もうスリープ・デッドの顧客に近づいています。

　さて、このようにRF表で顧客を区分して実態を把握した後、プロモーションを計画・判断します。一つのセルがこれくらいの顧客数だと、それぞれの顧客向けの小規模な施策が打てます。最近縁がないお得意さまであるR3F3向けには「お久しぶりです・新商品が出ました」の復活促進DMが送れます。少し間の空いているR2F2向けには、買いやすい低額の商品を提案して頻度を稼ぎます。

　大規模な季節DM、クロス商品のシーズン販促やギフトDMを投入するとして、高反応が見込める上得意客のR1F3に送るのは決定です。あとは他のどのセルが優先されるか。数千通程度からの規模でテストDMを送れば各セルの期待レスポンス率を把握できます。すべてのセルに送る必要はありません。図表9-6の9セルなら四隅のセルから抽出した一部にテストDMを送り

図表9-7　実績・期待レスポンス率

(%)

	F1	F2	F3-
R1	3.4	5.9	10.4
R2	2.6	4.6	8.0
R3	2.0	3.5	6.1

(注) 数値はダミー

図表9-8　DM採算シミュレーション表

	セル	顧客数(人)	期待RR	期待レス件数(件)	郵券制作費等投資額(円)	期待売上(円)	販売利益額(円)	利益率(%)
1	R1F3	3,600	10.4	373	900,000	1,900,000	200,000	10.5
2	R2F3	8,400	9.0	755	1,500,000	3,800,000	800,000	21.1
3	R3F3	14,900	7.7	1,153	2,300,000	5,800,000	1,200,000	20.7
4	R1F2	18,900	7.4	1,390	2,800,000	6,900,000	1,300,000	18.8
5	R2F2	24,200	6.7	1,631	3,400,000	8,200,000	1,500,000	18.3
6	R3F2	31,400	6.0	1,883	4,300,000	9,400,000	1,300,000	13.8
7	R1F1	35,800	5.7	2,031	4,800,000	10,200,000	1,300,000	12.7
8	R2F1	41,700	5.2	2,185	5,500,000	10,900,000	1,000,000	9.2
9	R3F1	49,700	4.7	2,345	6,500,000	11,700,000	500,000	4.3

ます。得られたレスポンス率（図表9-7）から、R方向の傾き、F方向の傾きの程度がわかりますので、残りのセルの期待レスポンス率は推計できます。

　その期待レスポンス率の上位セルから優先して投入していくのですが、順番に並べるだけではどのセルまで送ればよいのかがわからない。利益が最大になるのは、どのセルまで送った場合なのか。図表9-8のようにR1F3からのセルを1次元に展開した表で採算をシミュレーションします。数字はすべて

上位累計です。

　売上最大はもちろん全セルの全顧客に投入したとき。利益で見ると上から五つ目のR2F2にまで投入すれば利益額が150万円と最大になっています。上から七つ目の最近の1回のみ顧客・R1F1を対象とするのは、試算上の採算では不利ですが今後の再購買への期待があります。R1F1にはもうDMを送ってしまいましょう。

　このようにRFM分析によるプロモーション施策の投入判断はおこなわれます。

　のちに顧客数・商品数が多くなってくると顧客属性・商品購買履歴を使って「Aの商品を買った人はBの商品を買う場合が多い」「C商品から入ってきた顧客は、高頻度購買客とC商品の定期購入だけの顧客に二分される」「最初のクロスでD商品を買ってもらえれば優良顧客になる」などの分析が可能になります。

15　顧客の「満足・推奨意向」が客単価向上の基盤となる

　ここまで紹介してきた商品への期待の維持、ブランドコミュニケーション、値引き・ポイントのプロモーションなど、通販事業の投入するリテンション施策は、LTV・累積客単価の向上が目標です。つまり商品を買っていただくために投入されています。

　ただし端的に商品購入だけを施策目標に設定していると、逆作用が発生する可能性があります。高頻度のアウトバウンド、十数枚のチラシが同梱される封書DM、毎週届く「ポイント10倍！」のeDMなど、それらの販促施策は信頼を損ねて顧客離脱の原因になります。

　筆者の手元に届いている通販のDM・会報誌・eDM・アウトバウンドなどの中でもそういう例が見受けられます。毎月のように「今だけの特別キャン

ペーン」を投入すれば買う人もいるでしょうが、一方で、売り手への信頼は明らかに毀損していきます。

　このような販促施策のコミュニケーションが過ぎると顧客に、「商売優先の会社」だとの印象を残します。もちろん通販事業は商売なので商品を販売したい、その一方で販売の促進が理由になって顧客が離脱していくのも避けたい。

　そういう際に使い道があるのは「中間指標」の考え方です。顧客に投入される商品同梱・DMなどの施策はCPOやレスポンス率などの直接効果評価指標で測定され、結果として累積客単価が蓄積していきます。その投入と結果のあいだに、お客さまの通販事業・ブランドに対する「信頼」「満足」「共感」「ロイヤリティ」などがあると考えます。

　販促施策以外にも、商品への評価・ごあいさつ状などブランドコミュニケーション、コールセンターなどの顧客接点が、顧客の総合的な「満足」を形成します。それが「ここの商品をまた買ってみよう」という再購買の基盤となり、累積客単価を向上させていきます。

　商品の提供者に対する顧客の総合評価の代表的な計測手法は、顧客満足度調査・CS評価調査です。ここでは近年多くの企業で採用されているブランド推奨意向の指標・NPS（Net Promoter Score）を紹介します。

　NPSは顧客を対象とした調査で計測されます。特定の商品やサービスを「他の人に推奨したいか」という質問に11段階で回答してもらった結果で「NPSスコア」が算出されます。自社の通販事業の顧客に、（また競合のブランドの顧客に）どの程度ロイヤリティ・再購買意向があるかをそのスコアで把握できる中間指標です。

　「推奨」という視点ではブランドへのロイヤリティが把握できるだけでなく、クチコミの波及をも捉えられる点が特徴です。

　直接的な、またオンラインのメディアを経由したクチコミは、直接的な顧客獲得だけでなく、潜在顧客の形成に対してポジティブ＆ネガティブに波及・インフルエンス拡大していきます。

図表9-9　累積客単価を左右する推奨意向

商品自体・ブランドコミュニケーションなどが利用者の推奨意向（≒CS）を規定し、LTVの向上をもたらす。またインフルエンス拡大をもたらしていく。

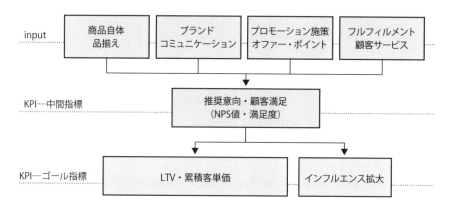

　広告会社のADKが何度か実施している通販ブランドの推奨意向調査では、各ブランドのNPSスコアと顧客残存率（利用経験者中の現在利用率）との相関係数は、0.6〜0.75程度でした。NPSスコアと顧客の継続利用は相当に強い関係がありそうだといえる数字になっています。

　競合ブランドも含めてNPS調査をやるのは、それなりの費用がかかりますので小規模の通販事業者ではなかなか実施できないかもしれません。しかし通販事業は顧客リストをもっているのが強みです。半期・年次などの周期で定期的に顧客アンケートを実施するとよいでしょう。NPSスコアの推移やRF・入り口商品ごと等のクロス分析から、商品・販促施策・コミュニケーション・フルフィルメントについて振り返りの機会をもてます。

　通販事業がLife Time Value、すなわち顧客からの生涯の価値を生み出していくためには、施策投入ごとの販促効果を追求するだけでは不十分です。リテンション施策開発には、お客さまの信頼・満足こそが累積客単価の基盤となっているという視点が欠かせません。

16 リテンションのための媒体設計・商品開発

　ここまで紹介してきたようなリテンションの施策を十分に投入し、それでも累積客単価が伸びない・落ちていくならば通販事業はどうすればいいでしょうか。

　媒体設計の第6章で何度か述べたように、新規顧客が流入する媒体によって、またそこでの売り方によって累積客単価は異なります。顧客獲得媒体別・売り方別の客単価を洗いなおして、客単価の高い顧客が得られる媒体に出稿を集中させる対策が検討されます。

　回収効率の良い媒体への出稿がもう増やせない、分析すると媒体ごとの客単価がたいして変わらなかった、そういう場合はどうすればいいか。

　柱の商品を変更する、新規顧客獲得の入り口商品を変えるのは効果的な客単価対策になります。これまでの通販事業運営で得た経験・顧客リスト・インフラ・潜在顧客層などの事業資産を前提に、新たな商品の開発を進めます。その際には、既存の入り口商品よりも、高付加価値で継続性が見込める商品の導入をめざします。たとえばスクロール・ベルーナなどの衣料総合通販は近年、化粧品などのリピート性の強い入り口商品の拡大を進めています。客単価アップ・採算性の向上をも目指した動きだと考えられます。

　商品の重要性は顧客側の意識面でも確認できます。前節で見た顧客満足度調査・CS評価調査データを分析すると、総合評価にもっとも影響する（係数が大きい）変数は、たいていは商品自体の便益評価です。コミュニケーションの力で商品期待を上げるにしても、実際に効く・おいしいなど、商品自体の提供便益は顧客の満足を第一義的に規定します。

　消費者に評価される・続けていただける商品を開発し、高付加価値で市場に投入できれば客単価・ROIを上げることができます。通販に適した商品の再開発、投入は根本的なリテンション施策といえます。

第10章
［フルフィルメント］
収益を上げるバックヤードへ

　フルフィルメントは、受注処理から商品発送、代金決済にいたるまでの対応業務です。通販では通常、コールセンター・システム・物流・決済の四つの機能で捉えます。商品設計・新規顧客の獲得などに比べ、バックヤードとして低く見積もられがちですが重要な事業開発領域です。それぞれコストの圧縮が求められる"守り"の分野であるとともに、収益を拡大する"攻め"の機能ももっている点には留意しなければなりません。

　またフルフィルメントを自社ですべてを担うのはもちろん不可能。協力して事業を進めるアウトソーシング先の選定と連携は、通販事業の成否にかかわる要因の一つです。

01　顧客とつながるコールセンター

　コールセンターはお客さまと接触するフロントです。通販事業では通常は顧客の顔を見る機会はありませんが、声ならば直接に聞けます。そこで得られる情報は、プロモーション・商品・サービスの改善にも役立つものです。

　受注の規模が大きくなれば外部専門会社へのアウトソーシングは避けられませんが、すべて外注頼りでは通販事業は成り立ちません。小規模でも企画・運営部門のそばに「インハウス」のコールセンターは設置されるべきです。

　現状、メールでの受注・問い合わせは多くなり、コールセンターはコールだけではないコンタクトセンターという呼ばれ方もするようになりました。しかし、まだ電話は主要な直接接触チャネルでコスト的にも大きな比を占めます。コールセンターのオペレータあたりの時間費用を仮に2,000円とし、1時間で8本の電話を処理するならば1本あたり費用は250円。CPOに250円が乗り、受注のたびに250円の経費が差し引かれます。

　インバウンドのコストを圧縮するためには、対応時間を短くする、問い合わせ・クレームの数を減らすなどの対応がとれます。インバウンド時間の短縮は応答率の向上にもつながるので、留意すべき目標の一つです。ただし単に短くするようオペレータに要請しても疲弊するだけ。具体的な対応を考えなければなりません。

　インバウンド時に取得する項目数を絞る、提示するプロモーション内容を整理すると時間は短縮できます。コールセンターでの接触機会で、属性などいろいろな情報が取れるからといって、たとえば受注のインバウンドであれもこれもと欲張って聞こうとする通販事業者もあるようです。まれなケースですが電話でメールアドレスを取得しようとするコールセンターもありました。

　受注につながった媒体が何かは、氏名・住所など必須項目に次いで取得したいデータです。ただ数パーセントの漏れがあっても、按分すればいいので

決定的には困りません。データのために受電しているのではないので受注媒体もムリにはとりません。

そのほかトークスクリプトを磨く、Q&A・商品情報などを整理した応対マニュアルを充実させるなどの時間短縮策があるでしょう。質問・問い合わせ数が多かった点について企画・制作担当にフィードバックして、広告やリーフレットの制作物の掲載情報を充実させ、わかりやすくします。

これらの対策の計画・実施のためには、コールセンターと企画部門の関係は密でなければなりません。クレーム・問い合わせレポートなど文書でのレポーティングも必要。さらに定期的な会議を設定して、コールセンター部門からの報告・改善提案を積極的に受けるようにします。

レスポンス広告出稿時・会報誌送付時など多数の受電がある際はアウトソーシングし、その他のインバウンドとアウトバウンドを社内で実施している通販事業者も多いでしょう。そういう場合、社内オペレータが受ける電話はクレーム・キャンセルの電話が多くなります。アウトバウンドは基本的に販売業務ですから負荷がかかります。もちろんうれしいお電話もたくさんいただくのですが、商品の不満を聞く・トラブルに対応する・電話を切られるのが主たる業務になってオペレータは消耗しがちです。

つねに明るい声で顧客に応対するためにもオペレータのモチベーション管理は大切です。電話と比べてハガキは良いお声をいただく場合が多いので、社内オペレータにハガキ対応を分掌するのも"やる気"を維持する手です。

02 適切なKPI設定でコールセンターが収益を生む

コールセンターの役割は受注・問い合わせの処理だけではありません。代表的な機能を図表10-1に整理しました。

図にあるようにコールセンターは電話・メールを受けるチャネルとだけ考

図表10-1　コールセンター・コンタクトセンターの機能

1）受注インバウンド	2）アウトバウンド
・商品受注受付・商品案内 ・プロモーション案内 ・アップ＆クロスセル ・ヒアリング・アンケート ・リレーション	・商品・プロモーション案内 ・商品受注受付 ・代金督促 ・ヒアリング・アンケート
3）カスタマーサービス	4）レポーティング
・商品問い合わせ対応 ・配送問い合わせ対応 ・キャンセル・中止対応 ・クレーム対応	・受注統計レポート ・トラフィックレポート ・ヒアリング・アンケートレポート ・問い合わせ・クレームレポート

えると単にコストセンターですが、実際は直接的・間接的に収益を生む部門です。たとえば売上・利益に対して以下のような役割を果たしています。

・アップセル・クロスセルによる客単価の直接的向上
・新規受注のインバウンドで広告の注目ポイント聴取
・プロモーション説明によるその後のコンバージョンの促進
・アウトバウンドによる受注の獲得
・キャンセル・中止電話の継続転換による客単価の維持
・使用法等説明による商品消費スピードの促進
・リレーションによるロイヤリティ・心理的絆の形成

　コールセンターの効率性を図る指標を1件当たり処理単価、あるいは時間当たり処理件数・稼働率・応答率等のみに設定してしまうのは陥りがちな誤りです。費用・時間と処理件数の割り算では、収益に対する効率はすなわち算出できません。単純な生産性・業務処理効率と、費用対効果は異なるから

です。言い換えると、業務効率指標と収益指標は違うものさしです。

1時間に処理した電話の件数は、単純な業務処理効率の指標です。これに対し、同時間での定期購入者の獲得件数は費用対効果の指標になります。前者と後者は必ずしも比例しません。商品・プロモーション説明に時間をかければ本品購入・定期購入への転換率は向上し、時間当たり処理数を減らしてもコンバージョンが上がれば費用対効果・収益が向上する可能性があります。

コールセンターに業務処理効率ばかりを要求すると、引き上げやリピートの売上機会損失・顧客ロイヤリティの毀損を招きます。応対時間に制限を設けない、むしろお客さまとの対話時間が長いほど良いとする通販事業者もいました。それは極端で採用しにくい立場だとしても業務効率指標による一元的管理は避けなければなりません。

この点については"価格・人件費と応対品質の兼ね合い"というような抽象的な話にとどめることなく、KPIを設定してきちんと把握したいところです。コールセンターはプロフィットセンター、売上・利益と費用の割り算、費用対効果を基本評価指標としてもつべきです。もちろん売上・利益は即時的な把握が難しい場合もあるので、業務内容に合わせたKPI設定の工夫が必要になってきます。各社で以下のようなKPIが利用されています。

・まとめ売り等の場合：時間当たり・日次の売上額
・オペレータ・スクリプト別の2回目購入率
・オペレータ・スクリプト別の本品引き上げ率・定期購入転換率
・プロモーション応答率

このような収益につながるKPIを設定すれば、スクリプトのABテストの実施も意味をもちます。差異の大きなスクリプトで（ex.話が長いが転換率期待／オファー提案はコンパクトだが処理数期待）、いずれの収益性が高いかを比較して選択します。トークスクリプトのABテストは実施していない通販事

業者も多いようですが、インバウンド施策の検証に使えます。

応答率・自己完了率（オペレータだけで通話が完了する率）のようなコールセンター側のKPIはアウトソーシング先からも報告されますが、収益視点の管理指標は必ずしも用意されていません。目標・評価指標を検証しながら適切に設定すれば、コールセンターはより収益に貢献できるようになります。

このほかコールセンターの総合的な対応品質やロイヤリティ形成力を定性的に把握するために、CS評価調査・推奨意向の指標・NPSなどを定期的に実施する通販事業者もあります。

そこまでの費用がかけられない場合でも"ミステリーコール"は実施しやすい評価手法です。これは数人のモニターに頼んで、自社も含む通販各社のコールセンターにアクセスさせて評価レポートを得るもの。他社のリテンション施策の把握にも役立つので定期的に実施したい施策です。何度も使える手ではないですが、自社の企画担当・オペレータ担当を他社通販のモニターにすると実地での検証機会になります。

図表10-2　ミステリーコール・モニタリング評価項目例

01）つながりやすさ
02）トーン・距離感・話し方・スピード
03）インバウンド時提示特典・オファー
04）商品・プロモーション説明内容
05）質問・アンケート内容・聞く力
06）送付スケジュール・アウトバウンド告知
07）リレーションワード
08）通話時間
09）各評点・所感

03 システム・物流・決済をどう選ぶか

a) 通販管理システムを選ぶ

　通販管理システムは何をどう選べばいいのか、事業のスタート時点での検討課題の一つです。Excelを使って顧客管理、受注処理をやっている企業もあるようですが、すぐに限界が来ます。数千件レベルの受注でも請求−入金データの照合・消し込みを考えると気が遠くなります。

　一方で通販用の専用業務システムの導入は数百万−千万円単位の大きな投資になり、立上げ期の通販事業にとっては辛い出費です。また、システムの要件も明確でない時点ですから、多くの業務システムの中から一つを選ぶのも難しい。事業開始後にカスタマイズが必要になった際にも大きな出費となります。

　通販向けのASPならば5万−十数万円程度の月額で導入できますから、スタート時点ではその中から適切なものを選ぶことをお勧めしています。ネット通販で慣れたカートシステムを利用しているならば、とりあえずそれを使っても良いでしょう。

　ASPはCRMに利用する管理帳票が十分ではない場合が多いので、Excelや汎用データベースのAccessなどを使って売上データの分析をします。これには若干のスキルが要りますが、必要があってやる作業なので数ヶ月である程度できるようになります。

　その後、事業の売上規模が数億・十数億円レベルになるとASPで管理しづらくなりますが、その時点では要件もはっきりするので適切なシステム発注が可能です。

b) 責任をもって顧客に商品を届ける

　配達サービスの選択肢は多くありません。基本はヤマト運輸か佐川急便か日本郵便の三つ。従来は配達品質ならヤマト、料金は佐川優位というのが定

評でしたが、2014年ごろからの各社の料金値上げ傾向・市況の変化もあり現状では一概にはそういえないようです。

　発送件数が少ない時点では、いずれ定価ベースに近い料金を選ばざるを得ません。商品の梱包サイズ・必要なサービス・見込み発送数、および発送地からのエリア別の料金表を検討し見積もりを取って選択します。

　遠隔地など特定地域の料金で配送会社間の料金に開きがある場合がありますが、そういうエリアへの発送頻度は高くありません。1個の荷物の料金の違いではなく物流全体の費用で検討します。

　もう一つ大切なチェックポイントは、配送会社の営業担当との信頼関係。通販に対するクレームで大きな比を占めるのが商品配送に関するクレームです。遅配・破損・紛失など、多かれ少なかれトラブルは発生してしまいます。配送会社に発注している以上、配達の過程については直接に手の打ちようはありませんが、トラブル発生の際の対応は体制によって違いが出てきます。

　通販事業者は荷送り人として顧客に誠実に対応するとして、トラブルの際に頼りになるのは配送会社の担当営業。担当営業が真剣に対応してくれるかどうかは重要なファクターです。料金表の送料試算・見積もりで差が小さいのならば、信頼関係が持てそうな担当営業の配送会社を選んでおきましょう。

　物流のうちピッキング・出荷処理などの業務は、最初期段階では面倒でも自社での実施をお勧めします。いずれ数千個／月の発送数になると外注の必要も出てきます。責任をもった配送のためには、アウトソーシングで物流が丸投げのブラックボックスになってしまうのは避けたいからです。

　お客さまに商品をお届けする責任があるのは物流会社でなく通販会社です。いったんは自社で発送して業務内容を把握した経験は、物流サービス会社・配送会社と連携する際、通販会社側のイニシアチブ確保に貢献します。

c）代金を回収する

　注文客に提示する決済方法は、代引き・クレジット・コンビニ・郵便振替

など。既存の取引銀行に決済代行のサービスがあるようなら相談、決済代行会社・カートASPの付帯サービスなどから決済代行会社を選択します。

決済に関して事業開始時期に大きな検討課題になるのは、後払いか前払いかです。事前に支払いを確認した後に商品を送るか、商品と支払伝票を同梱して払い込んでもらうかの選択です。これは基本的に後払いを選びます。

ECモール出店会社なら別ですが、自社ブランドの商品を自社の売り場で売る会社のほとんどが後払いを設定しています。未回収の損失より、後払いの利便性を提供して得られる収益のほうが大きいからです。初回の受注だけはリスクを踏まえて代引き・クレジット払いという手もあります。

後払いだと未払いの発生が心配です。商品にもよりますが未払い率は0.5〜3%、1%程度までが標準的な水準です。

後払いの保証サービス会社もあり、立上げの初期段階では利用も考えられます。ただ自社でやってもその手数料の料率程度（未満）の未払いが最終的に残ると見ていいでしょう。督促の手順を踏んだうえで未払い率が一定レベルに収まっているのであれば、通販事業上のコストと割り切って処理するのが正解です。未払いの各数千円の回収にかける費用を考えると残った未回収は無視・手放したほうが利益につながります。

そうはいっても割り切れないのは当然です。まず経理担当部署は未収率のあらかじめの設定など許してくれない。そもそも未払いは不正な行為、自分たちの手がけた大切な商品の代金を踏み倒すのは許せない。ほとんどのお客さまが正直に支払ってくださるのに。

そういう動機から督促業務を丹念にかけるのは、あまり得策ではありません。未収リスクよりも、回収業務を担務するスタッフの精神的負荷のほうのリスクが大きいのです。社内コールセンターが督促のアウトバウンドを担当して、その業務量の比が増えていくと確実にオペレータは疲弊し、モラールは低下します。退職にさえつながりかねません。

事業視点で考えれば、利益を上げるために回収しているのであって、回収

率のためではありません。正直な・不正を許さない商売をしたいのは当然ですが、未払い者のせいでスタッフが辞めるのでは逆作用が大きすぎます。

支払い期限以降の未払いの多くは単に遅れただけです。まずは穏当な督促ハガキや支払伝票を送付すれば回収できます。費用的にも1-2回までの督促はペイするでしょう。この時点ではあくまでも穏当な督促です。今回たまたま遅れただけの優良顧客に、きつい追い込みでドロップのきっかけを与えるのはもったいない。それ以上の督促やアウトバウンドは、採算性・スタッフのモラール維持のために避けます。

穏当な督促では支払わない未払い者に対して、色つきハガキを送る事業者もいらっしゃいますが、少しやりすぎかもしれません。

04　業務のアウトソーシングを検討する

コールセンター・システム・物流・決済、四つのフルフィルメントの分野はアウトソーシングも必要です。図表10-3にフルフィルメントの設定および外注先選定の代表的なチェックポイントを整理しました。

フルフィルメントについてはそれを包括して請け負う通販総合サービスもあります。通販会社・コールセンター・物流会社・広告会社などが提供主体となり、企画なども含めた複数の機能を担務する通販のワンストップサービスを供給するもの。通販事業でそれぞれに実績・ノウハウのある事業主体であれば、対応組織の人手が不足する場合などには検討できます。

各社のワンストップサービスは得意分野も料金設定もさまざまですが、選定に際して決定的に重要なのはハブとなる担当者のスキルです。見積もりの際は、担当者の人件費・プロデュースフィーとして項目立てを要請するとよいでしょう。

その他のフルフィルメント機能については、専門業者の見積もりと比較し

図表10-3　フルフィルメント設定・外注先選定のチェックポイント

＜コールセンター＞
01）対応時間通常9:00〜18:00の延長対応・土日稼働が可能か
02）従量か月額固定か、初期は従量課金で
03）インバウンドアップセルに対する実績・インセンティブ料金
04）レポート種と頻度、日次・週時・月次
05）トークスクリプトの開発・修正対応
06）オペレータとのミーティング設定・頻度
07）受注データの受け渡し方法
08）営業担当の即応性
09）アウトバウンドへの対応
10）所在地・受電現場との近接性
11）従量以外の初期費用・月額固定費
12）ハガキ・FAXの受注処理受託ほか

＜システム＞
01）複数端末・遠隔地端末の対応
02）決済会社サービスとの連動性
03）定期・頒布購入対応のフレキシビリティ
04）複数送り先・ギフトへの対応
05）CTI連携
06）商品・在庫管理機能
07）商品消費期限管理機能
08）管理帳票（RFM・累積客単価・媒体顧客属性区分集計ほか）
09）導入に必要な期間ほか

＜物流＞
01）各ステップの担当（含アウトソーシング）の検討
02）出荷頻度・土日出荷の対応
03）平均月間出荷数・アイテム数の想定
04）温度管理の必要な商品への対応
05）出荷伝票の出力オペレーション
06）製造-出荷拠点連動
07）返品処理の対応
08）アウトソーシングの初期費用ほか

＜決済＞
01）決済システムツールと管理システムの連携
02）クレジット・CVS・郵振など支払い方法への対応
03）決済手数料以外の費目
04）定期課金サービスの対応・フレキシビリティ
05）入金スパン
06）事業者審査の期間ほか

て交渉。担当者のフィーを受注・物流費用に割り振ってしまうのを避けます。
　担当者のフィーが日額15万円なり月額200万円なりという数字であっても給料と比べて怒ってはいけません。スポット的に利用できるのですし、SEやコンサルなどの報酬相場はそれなりの金額になります。専門職を従業員として雇用する場合のコスト・リスクと比べてどうか、目標とする収益規模と比較してどうかという視点で金額を評価します。
　ただコールセンター・物流の節で示した理由から、事業の立上げ期はできるだけ自社で各業務をやってみるべきだと考えます。

第11章
［事業開発］
通販事業の構想から実践へ

　本章では最初に事業の具体的な開発に入る前の構想段階で留意すべき点を整理します。また「地域創生」と「オムニチャネル」の二つのトピックについて、通販事業との関連をまとめました。
　次いで具体的な事業開発の準備段階・初期導入段階で押さえておくべき事柄を示していきます。

01 通販事業の構想・売り場と消費場面から

新たに通販事業を構想する際には、図表11-1のようなポイントをもって事業の現実性・可能性を検討していきます。

広告会社やシンクタンクに依頼する事業化調査・フィジビリティスタディは有効ですが、その前にやるべき検討があります。通販事業は商品を自社で直接に売る商売ですから、商品が売れそうかどうかを自社内でしっかり検討しなければなりません。

店頭販売の商品の場合で考えてみましょう。その商品の可能性を検討する際には商品を実際の"売り場"に置いたイメージをもってみます。その商品を百貨店やスーパーの売り場に置いてみた想定で、消費者に選ばれる理由があるか、それが周りの商品と比べて価格的にどうか、そもそもそこに置くのにふさわしい商品なのか。店販商品の場合ならそうやって商品販売の現実性を検討します。

図表11-1　通販事業構想段階検討ポイント

01）この商品が購入・利用される理由は何か
02）他商品でなく、この商品が選ばれる理由は何か
03）想定される表現イメージ（第7章）
04）価格・売り方の検討（第8章）
05）ターゲット・需要頻度・年客単価
06）目標事業規模（本章02）
07）事業位置づけ：既存事業・流通との関係（本章03-04）
08）アライアンス・体制（第10章・本章05）

通販の場合、売り場は媒体ですから商品をレスポンス広告に掲載するイメージをもってみます。まず表現の雛形となる「ごあいさつ状」を書いてみます（第5章14・第9章11）。

次にインフォマーシャル・バナー＆ランディングページ・折込チラシ・新聞などの媒体に置いた想定で、自社商品のレスポンス広告の表現をイメージして、他社の広告も参照しながら検討していきます。

消費者にとって他ではなく、この商品を買うべき理由があるか。この商品を売るときに何を言えば売れそうか、それが広告で表現できそうか、価格は現実的か、できるだけ客観的に考えてみます。

この作業をやれば商品の強み・弱み、この商品が売れるか、どう売るべきか、しだいに判明していきます。いずれプロのクリエイターに依頼することにはなりますが、自分で広告表現の設計図を作ってみるとよいでしょう。

続いて、商品を買い続けてもらえるか、普通に消費すればどのくらいの年客単価になるかイメージして需要の現実性、客単価の側の採算イメージを検討します。

二人世帯で1食400円のカレーを週に1回食べてもらって400円×二人×52週＝41,600円。もちろん平均客単価はこうはなりませんが、結構いけそうです。1,500円のせっけんを2ヶ月に1回買っていただいて年間10,000円弱の消費額、このせっけんだけでは事業採算はちょっと苦しいかもしれません。そこで他社はどうやっているのか価格・消費スピード設計、リテンションの定期施策、クロス商品提案状況をチェックしてみます（第4章07-08）。

他に資金調達や、商品＆原料供給・在庫リスク・物流・消費期限などにはもちろん配慮しなければなりません。こんな具合に事業構想の検討はなされていきます。この事業構想段階でも検討の基盤になるのはやはり他社研究です。

本書でブランド名をあげて示した事例は、第2章の小野食品のケーススタディ以外はすべて公開されている情報、レスポンス広告などを収集して把握しているものです。通販の場合、競合の事業フレームは、顧客の立場で経験

できるレスポンス広告・リテンションツールなどから相当に捕捉可能です。他社の通販事業は、自社に代わってフィジビリティスタディをやってもらっているようなものですから他社研究は充分に実施しましょう。

02 目標事業規模10億円とはどういうスケールか

　通販事業を数年後に3億円にするか100億円の売上規模にするか。目標事業規模は、資金を始めとする事業リソースの想定にかかわってきます。通販を起業する際には通常、まずは3-5年後までに年商10億円程度以上の事業規模をめざすようにお勧めしています。

　通販事業で売上10億円とは、たとえば年客単価20,000円を使ってくださる稼働客の5万人が必要な規模です。東京ドームの収容観客数が55,000人。10億円を目指す通販事業は、AKB48でもエアロスミスでもないのに20,000円支払ってくださる実券のお客さんで東京ドームを9割がた埋めなくてはならない。事業開始のゼロスタートの時点では10億円はとても遠い、途方もない数字に思えます。

　他の事業と比べてみましょう。全国に55,000店あるコンビニエンスストアの1店舗平均年商が1.9億円（2014年のJFA調査）、セブン-イレブンの店舗なら平均2.3億円です。年商10億円は、コンビニ4店のオーナーと同程度の事業規模をめざすことになります。難しいがムリではなさそう、10億円は非現実的ではない目標だとイメージいただけますでしょうか。

　コンビニ経営の投資は土地があっても建物と内装に3,000万円程度が必要です。それに300万円程度の加盟金などの初期投資がかかります（さらには総利に対する50％などの本部ロイヤリティが発生します）。それに比べれば通販事業は始めやすい商売とはいえます。

　また通販事業の立上げがうまくいった（仮に12ヶ月以内の回収が見通せた）

のならば、数年以内に年商10億円程度に到達するのは必ずしも難しくありません。

通信販売の事業規模について10億円のハードル（その後は50億円・100億円のハードル）などという言い方があります。だいたい10億円規模を超えると立上げの際の事業モデルでは対応できない事態が発生します。運営の組織体制・事業所規模・商品の生産・新規顧客獲得の媒体・物流などで、事業のフレームを再構築する必要が出てきます。

逆に見ると10億円程度までは、立上げに成功したフォーム・ビジネスモデルを基本的に大きく変えずに拡張、延長線上でいけるということです。これは大企業でも、資金力に乏しい中小企業の場合でも事情は決定的には変わりません。

もちろん初期段階で事業採算を成立させるのは容易ではありませんが、事業の計画段階では数年後に目標事業規模10億円以上を設定しましょう。

03 通販事業による地域創生へ

四国山脈の山奥に位置する山村「馬路村」は、成功した通販事業で知られています。

太平洋に面した高知県安芸市をクルマで発ち、内陸方面に曲がりくねった山道を登っていって約1時間、目の前の風景がひらけてくるとそこが馬路村です。1,000m級の山に四方を囲まれた馬路地区の集落の真ん中を川が流れています。その安田川はアユが遡上し、夕べにはカジカの鳴声が聞こえる清流、夏には川遊びの子供たちが流れに飛び込んで歓声を上げます。

ケーブルカーで集落を見渡せる場所まで上がれば、川沿いに連なる家々の全体が見渡せます。この馬路地区に350世帯で760人、村全体でも446世帯947人、人口が1,000人に満たない本当に小さな村です。

おだやかな風景のなかにひときわ大きな屋根が見えて、それが馬路村農協の加工場です。建物のなかでは職員・従業員たちが製造・梱包・受電・発送に忙しく立ち働いています。

　従業員の多くは高知市や都会に出るのではなく村での仕事を選んだ地元生まれの人たち。この村で暮らしたいとIターンで移住してきた人、近隣の市からこの村に通う若い人もいます。ゆず飲料「ごっくん馬路村」を始めとするゆず製品は、そこから全国に発送されます。

　馬路村農協のゆず商品も、もとは百貨店の催事販売で売られていました。そのチャネルに限界を感じた東谷望史組合長は通信販売に主力販路を転換。工夫した商品と産地風景を生かしたブランドの力が功を奏して30億円超の売上規模にまで成長しています。

　馬路村農協の従業員・職員数は現在100名近く。原料のゆずを供給する農家も含めて、通販事業が馬路村の人々の暮らしを支える柱になっています。

　全国各地方で、地域の産業振興のために志のある方々が独自の商品づくりに力を入れています。ただ商品を作っても販路が見つけられないケースも多いようです。商品開発には使える補助金が販路開発では使いにくいこともその原因の一つになっているのでしょう。売り場がなければ商品は売れません。道の駅や地方アンテナショップだけで売られる商品を作るのはもったいない。

　そもそもが商品は、それをどこで売るか販路をも一体として開発されるものです。モノ自体の「製品」をまず開発し、製品にパッケージや販路・コミュニケーションを改めて付与して「商品」になる。そういう説明の仕方がありますが、製品と商品ともに英語では「Product」です。商売の成り立ち・ビジネスモデルのないモノは商品とはいえません。

　モノづくりの工夫、美しいパッケージデザインだけではなく、どのチャネルでどう売るかの課題も含めて応えていくのが「商品開発」です。そして地方の商品開発でチャネルが検討される際には、通信販売は有力な販路の一つ

です（第2章03）。

　地方の商品が通販をチャネルとする場合は、商品とパッケージだけでなくリーフレット・DMなどのツールも含めてブランド・世界観の表現に留意します。馬路村農協が季節ごとに顧客に対して送付するDMは、そのブランドの魅力・地域の魅力を十全に伝えるものになっています。

　地方の通販商品・通販事業は、ブランドの魅力を高める強力な要素として地方の風土が使えます。山田養蜂場の鏡野・万田発酵の因島などの場合も、その地域はブランドの魅力の核の一つです。通販事業は地方でも成長可能というだけでなく、地方だからこその強みが生かせます。

　また通販はコールセンターや製造・発送の業務があり、雇用の創出にも有効です。地方であることを強みに全国に商品を届ける、あらたな雇用を生む、通信販売は地域おこし・地域創生に大きな貢献が可能な事業です。筆者は通販のノウハウをもって地域おこしに貢献したいと強く願っています。

04 チャネル間競合からオムニチャネルの相乗性へ

　消費財をもつメーカーが通信販売に取り組む際、必ずといっていいほど問題になるのは既存チャネルとの競合問題です。最近はメーカーの消費者への直接販売も増えて、小売・流通企業の拒否姿勢も以前ほど決定的ではなくなってきました。ただやはり小売・卸を「中抜き」する製造業の通販・直接取引への忌避感はいまも根強く、取引上の摩擦の発生は容易に想像できます。そういう通販事業と既存チャネルとのコンフリクトへのメーカーの対応の代表的なパターンは図表11-2のようになります。

　このようにチャネル間競合が課題となりその対策がなされる一方で、各販路・コミュニケーションチャネルの協奏的な相乗性を形成しようというのが

図表11-2　消費財メーカーのチャネル間競合への対応パターン

01) 店販商品と同じカテゴリーでも違う商品を売る
　　　ex.カゴメ・森下仁丹
02) 店販商品とは異なるカテゴリーの商品を売る
　　　ex.サントリーウエルネス・ライオン・日本盛
03) 提供者ブランドを変えて同カテゴリーの商品を売る
　　　ex.ポーラ／オルビス・資生堂／キナリ
04) 既存チャネルと折り合う仕組みを作る。
　　　ex.ワタシプラス／資生堂・アスクル／プラス

「オムニチャネル」の考え方です。

　オムニチャネルとは、実店舗・ネットなどのチャネルを問わず統合されたブランドコミュニケーション・プロモーションで顧客との接点を設定し、実店舗やECでの購買・継続購買に結びつける考え方・その戦略のことを指します。ここでは通信販売視点でオムニチャネルについて考えてみます。

　DHC・ファンケル・ドクターシーラボなどの化粧品通販ブランドは、通販と店販の複合チャネルをもつSPA・製造小売業です。コンビニ・ドラッグストアでの販売があり、百貨店などに直営店があります。これらブランドは、ポイントシステムなどのプロモーションは直営店と通販は共通ですし、カタログ商品の店舗からの購買・取り寄せも可能です。リアル店舗でも通販でも同一顧客はそのように識別されて、いずれでも大切なお客さま・お得意さまとして扱われます。

　一人の顧客を識別し、直営の実店舗での販売とECも含めた通販が相乗的に働きかけて継続購買を実現する仕組みがある、通販化粧品ブランドは相当にオムニチャネル化が進んでいるといえます。そのオムニチャネルを支えて

いるのは、通販事業のシステム&コミュニケーションインフラです。

　化粧品通販の顧客接点はEC・電子取引や、電子クーポンなどのオンラインプロモーションだけではありません。月次の紙の会報誌やDMなどオフラインも含めた接点でのワントゥーワンのコミュニケーションが顧客のブランド体験を厚くしてライフタイムバリューを創造します。しかも個々の顧客接点の効率は収益ベースのKPIで評価管理されています。

　通販事業による店舗販売との相乗効果の恩恵は、直営店のある製造販売業・SPAだけにもたらされるのではありません。自社店舗のないメーカー・直営店が主力でないメーカーにも店販・通販の相乗効果はありえます。

　通販事業は店舗に卸す事業と比べ、売上対比で大きなコミュニケーション量の投入が可能です。通信販売はネットに加えてテレビも新聞も売り場にし、そこで獲得した顧客から得られる収益をコミュニケーション投資の原資とできるからです。通販ブランドが投入する大量のコミュニケーションは、店販にプラスに波及する効果があります。

　通販化粧品ブランドや茅乃舎だしパックの久原本家は、通販でのコミュニケーションが直営店舗拡大の基盤になりました。富士フイルムのアスタリフトは通信販売が先行して成長し、それにつれてバラエティショップ・ドラッグストアでの販売が拡大して、現状の売上の半分弱がそれらのチャネルによるものになっています。

　オムニチャネルの視点で見て通販事業は、個々の顧客を捕捉してオフラインも含めてアプローチするリテンションの仕組みと、メディアを売り場化するレスポンス広告の顧客接点をもたらします。

　通信販売事業への取り組みは、モバイルでのクーポン発行やポイントプロモーションにとどまりがちなメーカー・小売のオムニチャネル構想にさらなる相乗性をもたらすはずです。

05　通販事業を再開発する

　伸び悩む通販事業は何から手をつければよいのか。本書の全体・各章は、そういう通販事業を想定して、踊り場からの脱却の手がかりとなるべく記述されています。自社にあまり関係なさそうな章にも目を通すことをお勧めします。図表11-3では事業見直しのポイントを示します。

　同業で伸びている通販事業はあるのですから伸び悩みの対策はある、必ず"打ち手"はあると考えます。
　何が事業拡大のボトルネックになっているのか、事業の伸び悩みの原因はデータを基点にたどれます。ですから通販事業の再開発はデータを洗い直すことから始めます。新規顧客獲得効率・顧客数・継続・既存客単価、どこに問題があるのか。ルーティンで確認しているKPI指標以外の分析も試みます。その数字を踏まえたうえで、具体の対策の開発・テストに入ります。対策を打つために必要な体制・リソースも再検討されます。
　通販に限らず、うまくいかなかった事業の再開発の際には、体制・担当責任者が変わる場合があるでしょう。既存事業は成功の評価が得られなかったのですから、ゼロベースで事業を考え直さなければなりません。しかし前任者の取り組んできた事業の仕組み・結果データ・顧客リストなどは会社が投資して得られた、とても貴重な事業資産です。既存の事業フレームの使える・使えない部分を検証し、再開発で活用すべきリソースを見失わないようにします。
　これまでの事業展開で客単価に不足がある場合はリピート促進・クロス提案のリテンション強化を検討します（第9章）。初期段階の引上げ・リピートに問題がないか、月次累積客単価推移のデータで確認します。媒体別・獲得タイミング別などでも区分してみます。ここで拡大の余地がありそうなら定

図表11-3　通販事業再開発チェックポイント

01) データを再確認する、どの数字が悪いのかを確認する。
02) 商品の買うべき理由・売るべき理由を再検討する。
03) 顧客の声をヒアリングする・アンケートを行う。
04) 素材仕入元・製造元・開発者にヒアリングする。
05) 過去の施策・表現を再確認してみる。
06) ブランドの存在意義を再確認する。再構成する。
07) 運営する・対応する組織はうまく機能しているか検証する。
08) 初期リテンション施策に強化の余地がないか。
09) DM・周期施策に不足がないか。ムダがないか。
10) スリープ・デッド顧客に再提案の余地はないか。
11) 出稿媒体を見直す。別の媒体にチャレンジする。
12) 売れないと切り捨てた媒体に再チャレンジする。
13) 売り方・オファーをテストする。価格を見直す。
14) オファー・売り方頼りになっているのなら商品を見直す。
15) 訴求構成・訴求便益の変更を検討する。
16) 商品のターゲットを変えて表現・媒体を見直す。
17) 商品のサイズ変更を検討してみる。テストする。
18) 商品をリニューアルする。新商品を投入する。

期購入・2回目購入促進、継続利用促進などの手を打ちます。

　引上げなど初期リテンションがうまくいきながらも既存顧客の客単価が低い場合は、会報誌・DM・周期リテンションなどの見直しになります。DMのレスポンス率が良くない際には、RFMなどによるクラスターごとの効率分析で、高頻度のDM投入でも採算の合う層と低頻度の投入でもよい層、反応の

ない層を区分すればDMの効率は向上できます。また顧客のブランドロイヤリティが磨り減っていないかも確認します。必要があればブランド価値を高める表現・施策を投入します。

業歴をつんで新規顧客獲得の規模が拡大していけば、顧客獲得効率の低下はある程度は避けられません。大規模に顧客を獲得するためには、媒体効率の比較的に良いところだけを選んで出稿するだけでは足りなくなります。また、当初は目新しかった商品・広告表現も、追随者も出て新奇性が薄れていきます。獲得効率の向上のためには新媒体・新表現のテスト、さらには商品のリニューアル、新規投入を検討します（第4・第6・第7章）。

06 社内組織の設定要件と外部企業とのアライアンス

通販の立上げ・事業開発段階では、社内体制の問題がかかわってきます。社内の各担当部署は事業リソースであると同時に、通販部署の位置づけによっては事業成長に抑制的にかかわる場合もあるので留意すべきです。

外部連携先企業のうち、フルフィルメント関連については第10章に記しました。ここではアライアンスの基本および広告会社・資金調達先との連携について示します。

a) 事業成長を促進する社内体制を

社内体制については大メーカーの組織を想定して説明します。メーカーの大きな組織は通販事業の運営にとって、とても不利な条件です。

商品・投入媒体・アライアンス先もあらかじめ各担当部署によって定められ、ペーパー作成や社内調整に多大な労力を割かれ、各段階・各部署の決裁権に縛られて、状況に合わせた機動力のある判断ができないまま立上げが頓挫する。消費財メーカーの通販事業でありうるパターンです。中小企業と比

べて、資本・人材などのリソースが豊富なはずのメーカーの通販新事業でも失敗しがちなのは、それが大きな組織であるからだと言ってよいほどです。

通販事業の担当はいわば社内ベンチャーのマネージャーです。メーカーの大組織の弊を避けるためには、通販事業担当は社長・役員の直轄とし、事業運営の全権・予算の執行権を与えるようにします。

通販事業で運営・予算執行について機動的な判断が求められる理由は、典型的には広告予算・新規顧客獲得予算の場合に表れます。一般的な予実管理では年間の広告予算が決められて、その範囲での効果的な計画・施策が投入され、期ごと月次の予算を順次消化していきます。これに対して通販事業では、予算の消化ではなくKPI・事業採算の達成が目標です。この点が一般的な予実管理と通販事業運営の齟齬を生みます。

通販事業は、事業当初にCPO目標に達しないのであれば新規顧客獲得の出稿は拡大しません。逆に採算の目算が立つのならば、当期の売上見込を超える額であっても投入します（第3章05～）。

最大テスト期間とその予算額、何年か後までの黒字転換目標時期と収益目標・予算額を協議・設定して事業担当のミッションとし、各期ごとの予算執行は事業担当者に任せたほうが通販事業はうまくいきます。

メーカーの通販事業担当者には、上司ほか社内の関連部署が通販事業の仕組み・採算構造についての理解が十分ではないという共通の悩みがあるようです。上長の方にも本書を読んでいただければ理解の一助になるかもしれません。

b）外部企業との連携

商品仕入先、広告会社、通販コンサルタント、印刷会社、制作会社、システム会社、コールセンター、物流サービス会社、配送会社、通販事業はこのような外部企業と協業します（第10章）。

協業する各社は当面の取引による売上・利益を目標としながら、同時に通

販事業の拡大に貢献して将来の自社の収益を拡大したいという動機をもっています。協業企業が事業の未来に向けてのモチベーションを十分に保持するよう、通販事業の側も誘導します。そのために欠かせないのはKPIと目標の共有です。

広告会社などに対して出稿結果のCPOを開示しない通販事業もあるようですが、それでは現状の位置がわかりません。部隊に進軍を命じる際には、目標とGPSの位置情報を渡さなければなりません。協業する企業とはNDA・秘密保持契約を結んだうえで、CPOや客単価を始めとする事業指標と中期事業目標を開示します。

広告会社は主要な通販事業のパートナーの一つです。広告会社の担当窓口には、通販に経験がある営業を選びます。既存の広告出稿で取引のある営業がいるかもしれませんが通販の経験がないようであれば、通販の担当経験のある営業を要請します。

通販事業を担当してきた広告会社の営業は、良い広告・インパクトのある広告を制作するスタッフよりも、売れる・売れ続ける広告・コミュニケーション計画を作るスタッフを選んでチームを組みます。通販事業における新規顧客獲得投資の意味を理解し、より多くの顧客を効率良く獲得する表現・媒体開発のミッションを引き受けて、客単価を伸ばすための施策提案もおこないます。他の分野では優秀な広告会社の営業担当であっても、これらの対応ができるわけではありません。通販に習熟した営業担当が必要です。

事業開発を進めるにつれて広告会社以外に協業企業も増えていきます。外部企業間の連携も欠かせませんから、一堂に集めた定期会議をもって課題・改善策を共有・検討するのは一つの方法です。

c）資金調達・公的支援

通販事業の起業の際、企業規模によっては資金が十分ではない場合があるでしょう。中小企業の場合は、公的な補助金などの利用も検討します。助成

を得るためには自治体の商工課・商工会議所・中小機構などで相談します。これらの組織は資金調達だけでなく、一般的な事業計画の策定や技術開発などを支援する機能があったりします。

6次産業化・震災復興・ものづくり・地域イノベーション・農商工連携などのテーマで、中小企業を対象としたさまざまな補助金・助成金・公的融資が準備されています。資金は目的・趣旨ごとに、商品開発・フィジビリティスタディ・販路開拓・設備投資などの用途で使えます。

通販事業を起こす目的で給付を受ける補助金に伴って、シンクタンクなどの「専門支援機関」が経営支援を行う例もあります。世の中のコンサルタント・シンクタンクのすべてが通販に明るいわけではありません。補助金がムダにならないよう、通販事業に詳しい支援機関の協力を要請します。

07 通販事業の管理会計費目

事業の採算シミュレーションは計画の時点で必要です。また通販事業では通常の財務会計以外に、通販向けASPの帳票やExcelを使って事業の採算を管理していきます。図表11-4に通販事業の管理会計の代表的な費目を整理しました。

細目の追加も大切ですが、各費目の性質・分類も留意しなければなりません。例えば変動費・固定費の区分では、広告の制作費は固定費に分けられます（第3章02・第6章09）。

変動費は通販事業の特性を踏まえると単純に売上比例とはできません。CPOを中心とする新規顧客獲得あたり費用・リピートを含む受注あたり費用・周期ツールなど稼働顧客あたり費用の三つに区分できそうです。

図表11-4 通販事業の費目区分例

区分		費目
<変動費>	商品原価	(包装等資材費含む)
	新規顧客獲得あたり販管費	新規顧客獲得広告媒体費（CPO） 初回同梱・初期リテンションツール等費 (新規顧客受電費)
	受注あたり販管費	受電費 資材費 同梱ツール等費 商品送料 代金回収費
	稼働顧客あたり販管費	周期販促ツール費 通信費
<固定費>		システム運営費 広告表現等制作費 物流サービス・倉庫費 コールセンター等固定費 担当人件費
<初期投資>		初期ツール等制作費 開発準備担当人件費 システム導入・開発費

08 通販起業の開発領域と段階

a) 起業時の開発領域とスピード

通販を起業する際に準備期間で検討・設定しなければならない開発課題は図表11-5のように、おおむね本書の各章に対応した開発領域に区分できます。検討が不足している・落としているものはないか本書を利用してチェックできます。

ただ、各領域について完璧に準備したうえで事業をスタートするというよ

図表11-5　通販起業の開発領域

1.事業構想・設計	2.商品・MD領域
・どの程度の事業規模を目指すか。 ・どのような採算構造を目指すか。 ・開発・投入スケジュールをどうするか。 ・資金計画	・新規獲得の商品を何にするか。 ・クロス商品は何か。 ・クロス商品の範囲をどうするか。 ・それぞれ、いくらで売るか。

3.ブランド領域	4.新規顧客獲得領域・媒体・表現
・提供主体はどう自己紹介するか。 ・なぜこの商品を売りたいのか。 ・どんな想いで商品を作っているのか。 ・なぜ通販で売るのか。 ・お客様への想いは何か。	・商品をどう表現するか。 ・提供者をどう表現するか。 ・どうやって目に留めさせるか。 ・どの媒体・ビークルを選択するか。 ・どんな売り方・オファーで売るか。

5.リテンション領域	6.フルフィルメント
・商品・顧客への想いをどう伝えるか。 ・顧客のリピートをどう獲得するか。 ・どんなツールを投入するか。 ・ツールの投入タイミング・周期をどうするか。	・ロジスティック体制 ・管理システム選定 ・決済方法・サービス選定 ・コールセンター選定 ・社内対応体制

りもむしろ「走りながら考える」スタンスが必須です。

　CPO・LTVは事業計画段階では想定・目標に過ぎず、市場投入の結果を受けて採算を探っていきます。表現・媒体もテストしながらどんどん改善していきます。いずれ通販の事業運営は総体としてPDSサイクルで回すもの、事業当初からすべてがうまくいく・機能するわけではないのが前提です。

　準備に長々と期間をかけると周囲からの雑音も増えます。時間とともに積もるコスト・チャンスロスも心配です。スピード優先で、3ヶ月から最大でも1年程度の準備期間を設定して事業をローンチする計画とします。事業ローンチまでの作業内容例をまとめました（図表11-6）。

　既存の自社のリソースを活用し、また通販事業の立上げの経験のある広告

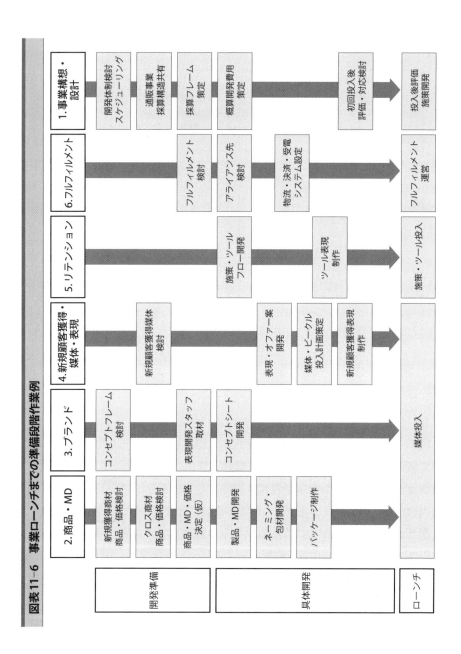

図表11-6 事業ローンチまでの準備段階作業例

会社やコンサルタントとともに準備作業を進めて期間短縮をはかります。

b) ローンチ初期段階の事業採算性の模索

通販事業は図表11-7のような開発段階を踏んで進めていきます。事業開発・再開発時は、特に「Step.1採算確立期・テスト」の位置づけを把握しておかなければなりません。この段階は、CPOとLTVの両指標の改善を通じた、基本的な事業採算性の確立を目標とする期間です。

これまで述べてきたとおり、事業ローンチ後、最初の段階での媒体投入はテストです。この事業のこの商品がどれくらいの効率で顧客が獲得できるのかわかりませんから小規模な投入です。商品・媒体にもよりますが1回のテスト投入で150万円から200万円程度の投資となります。

初回に投入したテストで、想定しているCPOに到達することはあまりありません。表現をブラッシュアップし、売り方を変えてPDSサイクルのテストを繰り返すうちに現実的なCPOに近づいていきます。

この期間は通販事業者・関係者にとって楽ではない・苦しい過程です。それだけに事前にテスト予算と期間を設定して、ここまでは続ける・この範囲でテストすると計画を定めます。Step.1の期間は、最低1年程度は設定しておきます。

図表11-7　通販事業の開発段階

Step.0 準備段階	Step.1 採算確立期・テスト	Step.2 事業体制の整備	Step.3 商品・媒体の拡充
事業を構想し、展開する商品・ブランド・新規顧客獲得の媒体＆表現などを準備、開発する。	小規模な媒体投入を繰り返し、この事業でのCPOと年客単価を探り、基本的な事業採算性を確立する。	採算見通しが立てば、新規顧客を獲得しながら組織・フルフィルメントなど拡大に向けての体制を整備していく。	商品ラインナップを拡充し客単価向上を図る。大量の新規顧客を獲得する手法を導入する。

テストの間に獲得した顧客に対してリテンションの施策が投入され、3ヶ月・6ヶ月などの期間の累積客単価のデータが得られていきます。2回目購入率・年客単価が不足するようならリテンション施策の強化・見直し（第9章）を行います。

　この期間で得られた実績のCPO・（想定）年客単価をもって、事業採算性が見通せます（第3章04）。個人客単位のCPO回収が短期で見込めるようであれば、ローンチ後1年以内でも出稿拡大を判断します。事前に定めた期間のテストを継続した後、採算性改善の見通しを評価して事業継続の判断がなされます。

　採算確立期・テストの期間は、その位置づけから採算性の未達が前提となります。ただ、この期間は何より事業投資のリスクヘッジのために設定されています。見切り発車の事業投資ではなく、採算性が見えない限りは投資を拡大しない安全弁の機能を果たします。このような採算確立期設定の積極的な意義と目標を、経営責任者も含めて関係者が事前にしっかりと納得・共有しておかなければなりません。

　活動している通販事業のすべてが、この過程を経ています。目標に満たないCPO・LTVの指標と向き合って検討し、粘り強く表現・媒体・リテンション施策の改善を進めて幾度もテストを重ねていく。その結果、漸次あるいは飛躍的にKPIを好転させて採算が見通せるタイミングに到達、事業の離陸に成功しています。

新しい通販事業との出会いのために
〜おわりににかえて〜

　筆者は通販事業の企画・開発を担当するプランナーです。通販に取り組む企業からお呼びがかかれば、函館・弘前・花巻・大手町・飛騨・梅田・神戸・宇和島・博多など地域を問わず、ビジネスリュックを背負っておもむきます。

　訪問先は専業の通販会社だけではなく、ネット系ベンチャー・医薬品メーカー・食品ナショナルブランド・農家・流通業など幅広い規模、業種にわたります。クライアントとは直面する事業の課題をともに検討したうえで施策を開発するのですが、各社でお聞きする悩みのバリエーションはさほど多くありません。いずれ通信販売事業の課題なので似通っています。

　どんな表現でCPO/CPAが改善できるか・メディアをどう使い分けるか・どんな商品なら売れるのか・どうやってブランドを作るのか・商品をいくらで売ればいいのか・リピート率を高めるリテンション施策は何か等々。

　具体的には、おおむね本書で吟味してきた内容です。

　課題のバリエーションは限られていますが、本文中にも示した通り、その答え・対処法は必ずしも一つには収斂しません。各事業の置かれた市場環境・段階が異なり、何より提供主体の意思・信念、その思いを込めた商品自体が違います。天下りの"べき論"の適用、過去のフォーマットをあてがうだけでは不充分です（事業成長を阻害する固定観念・誤解のリスクについては第1章に記しました）。

　個々の事業に適した、現在・これからの市場に投入するべきオーダーメイドの施策を編み出すには、課題に対応する各開発領域の"基本"に立ち返って

検討する必要があります。

　ただ、事業構造・媒体特性・表現開発要件・ブランド論・購入者の意識推移などの話を最初から始めると説明が長くなってしまいます。クライアントをはじめ外部スタッフや同僚たちも含めて、あらかじめ"通販事業の基本"をぜひとも共有しておきたい。EC・ネット広告・CRMなど個別関連分野では参考になる書籍はありますが、通信販売事業の全体を網羅する基本的かつ実践的なテキストが見当たりません。

　そこで本書は計画されました。この20年、数々の通販事業にかかわってきた経験・先達からの学び、同僚たちと検討してきた内容、さらに筆者独自の認識・手法なども記されています。

　通販事業を担当する方に通読いただければ、自社の事業に役立つ、応用が可能な糸口がおそらく一つ以上は見つけられる、少なくともいままで聞いたことのない内容が含まれているはずです。また近年のコミュニケーション技術・媒体動向も含めて通販の八つの開発領域をカバーしましたので、これから事業に取り組む方にとっては全体像を把握できるようになっています。

　ここで示した見解などはすべて筆者個人の責に帰しますが、社内外の諸先輩・スペシャリストの心強いご指導・協業のご恩に負うところが多く、ようやく成しえたものです。

　もちろん各地の通販企業の方々との出会いなくして本書は実現しませんでした。これまで機会をいただいた皆様に感謝します。そして本書を踏み台の一つとして読者が手掛けられる、かつてない通販事業との新たな出会いを楽しみにしています。

【著者紹介】
岩永洋平（いわなが　ようへい）
シンクタンクなどを経て広告代理店・ADK 入社。ダイレクトマーケティングの企画にたずさわる。
通販事業の立上げ・踊り場からの成長支援で数々の経験があり、媒体・表現開発だけでなく商品開発・採算計画・運営支援など事業全体を幅ひろく担当する。
クライアントはメーカー系通販・専業の大手・地方の中小企業・ベンチャーなど約30社。合計の年間売上規模、約 800 億円の通販事業を支える。
連絡先：gfc02222@nifty.com

通販ビジネスの教科書
2016 年 7 月 21 日発行

著　　者──岩永洋平
発行者──山縣裕一郎
発行所──東洋経済新報社
　　　　〒103-8345　東京都中央区日本橋本石町 1-2-1
　　　　電話＝東洋経済コールセンター　03(5605)7021
　　　　http://toyokeizai.net/

装　　丁………冨澤　崇
ＤＴＰ………アイランドコレクション
印刷・製本……丸井工文社
編集担当………中村　実
©2016 Iwanaga Yohei　　Printed in Japan　　ISBN 978-4-492-55770-9

本書のコピー、スキャン、デジタル化等の無断複製は、著作権法上での例外である私的利用を除き禁じられています。本書を代行業者等の第三者に依頼してコピー、スキャンやデジタル化することは、たとえ個人や家庭内での利用であっても一切認められておりません。

落丁・乱丁本はお取替えいたします。

東洋経済新報社の好評既刊

一品で会社を変える

岡村 衡一郎 著　四六判・並製　定価(本体1500円+税)

あなたの会社には「自慢の一品」があるか？
業績も社員のやる気もあげる一品の見つけ方、磨き方を説き明かす

企業にとって、「自慢の一品」とは何か──長年売り続けている商品、他社に負けないサービスが「自慢の一品」なのだ。それをどう磨いていくか。どう育てていくか。

「自慢の一品で会社を変える」をテーマにコンサルを行っている著者が、様々な企業の実例を交え、「一品」で会社を変える方法を解説する。

主な内容

- 第1章 ▶ 貴社にとって「一品」とは何か
- 第2章 ▶ なぜ会社は変わらないのか
- 第3章 ▶ 会社を変えるには何が必要なのか
- 第4章 ▶ 「一品」を生み出す力が誇りに変わる
- 第5章 ▶ 「一品」で会社を変える五つのステップ
- 第6章 ▶ 「一品」で会社を変える六つの道具
- 第7章 ▶ 「一品」を核に変わり続ける会社
- 第8章 ▶ 「一品」一思想でオンリー・ナンバーワンを目指そう

『なぜ会社は変われないのか』の著者・柴田昌治氏推薦！
たえざる変化(イノベーション)の手がかりとしての「一品」とは。

東洋経済新報社